たったの
1m^2で！
野菜とハーブと花の
ミニ菜園

飯塚恵子

主婦の友社

Contents

Chapter 2

コンテナ菜園

ミニ菜園を始めましょう！

野菜やハーブを自宅の庭やベランダで育てて収穫し、利用できたら、日々の生活に大きな楽しみが加わります。

しかも、1㎡の小さなスペースやプランターひとつで、野菜やハーブだけではなく、ベリー類やエディブルフラワーまで家で収穫できるとしたらどうでしょう。

身近にあっていつでも収穫ができて、こまめに程よく手入れできるのがこのミニ菜園の利点です。

とはいえ、このように小さなスペースで多くの植物を育てるにはいくつかのコツがあります。家庭で利用するのにちょうどよい収量があり、ある程度の密植に耐える品種選び、無駄なくスペースを使うためのレイアウトやローテーションなどです。本書は、実際に体験したミニ菜園作りに基づいて紹介していきます。

ぜひ庭の一角に菜園スペースを見つけて挑戦してみてください。

Mini Vegetable Garden

Vegetables

とれたてのフレッシュな
野菜を食せるのも
ミニ菜園があるからこそ！

Herbs

香りづけに重宝する
風味豊かなハーブを
日々の食卓に

大人気のベリー類や
エディブルフラワーで
ミニ菜園を華やかに！

準備編

ミニ菜園を作る前に

年間のプランニング

季節とスペースに合う野菜を選ぼう

1㎡のミニ菜園では、「少量多種」の野菜を植えていきます。まず一年を大きく「春～夏」（春からスタートして夏に収穫）、「秋～冬」（秋にスタートして冬や翌春に収穫）に分けて、何をいつ植えるか、プランを立てていきます。

初めてでも挑戦しやすい夏野菜は、5月の初旬が植えつけ適期です。苗は適期の1カ月以上前から出回り始めますが、植えつけ直前に入手するのがよいでしょう。園芸店やホームセンターでの苗の質も量も充実していますので、あわてずに。早めに入手してしまうと植えつけまでの間に苗が劣化してしまうこともあります。

一年中楽しむために、夏野菜を収穫し終えたら株を整理し、秋～冬野菜の栽培をスタート。

また、夏野菜の収穫が終わるころから始められる冬野菜にもぜひ挑戦してみましょう。ダイコンや小カブなどは8月下旬ごろにタネをまけば、11月下旬ごろには収穫できます。1カ月足らずで収穫できるラディッシュ、間引き菜も楽しめる葉菜もおすすめです。

小さな面積を最大限に利用するためには、草丈の高いものやつる性のものを北側の奥に、中くらいのものを中央に、草丈の低いものを手前に植えると、日当たりを有効に活用できます。また、キュウリなどつるが旺盛に伸びるもの、株が大きく広がるブロッコリーなどの野菜は場所を占領するので、避けたほうが多くの種類を栽培できます。

小ネギなどは必要量を株元から少量ずつ使えば、長期間収穫することができる。

Mini Vegetable Garden

夏野菜の
3トップ
トマト、ナス、ピーマン

菜園の彩り
＆エディブルフラワー
ナスタチウム、キンギョソウ

タネからも
育てられる
エダマメ、インゲンマメ

準備編

春〜夏栽培

【春〜夏のミニ菜園におすすめの野菜や花】

どの植物も生育が旺盛な時期。
1〜2株程度の少量で多種を育てることで、程よい収量が望めます。

果菜
- ミニ（ミディ）トマト
- ナス
- ピーマン
- オクラ
- エダマメ
- インゲンマメ
- ワイルドストロベリー など

葉菜
- 小ネギ
- バジル
- シソ
- オレガノ
- パセリ
- パクチー など

花
〈コンパニオンプランツ〉
- マリーゴールド
- ペチュニア など

〈エディブルフラワー〉
- ナスタチウム
- トレニア
- キンギョソウ など

ベビーリーフから
楽しめる
コマツナ、
ルッコラ
ローズマリーや
ローズ
ゼラニウムは
料理の香りづけに
小カブや
ダイコンなどの
根菜類も

秋～冬栽培

【秋～冬のミニ菜園におすすめの野菜や花】

成長スピードが緩やかな時期。
大小の根菜、多種の果菜や葉菜を組み合わせることで、長期間の収穫を楽しめます。

根菜、果菜

- 小カブ
- ダイコン
- ラディッシュ
- エンドウマメ
- サヤエンドウ
- スナップエンドウ
- タマネギ　など

葉菜、ハーブ

- ホウレンソウ
- コマツナ
- シュンギク
- レタス
- ルッコラ
- チャイブ
- ローズマリー
- ローズゼラニウム
- レモンバーム　など

花

〈ハーブティー〉

- ジャーマンカモミール　など

〈彩り、霜よけ〉

- ビオラ
- キンセンカ　など

Column

タネをまく？　苗を植える？

野菜やハーブは、タネをまくもの、苗を植えるもの、どちらもできるものがあります。
作業のタイミングや気候、スペースのあきぐあいを考えて決めましょう。

タネをまくもの

タネは園芸店やホームセンター、野菜の直売所などで購入できます。タネ袋の裏にタネまきの適期（地域の気候によって異なる）や栽培方法が明記されているので確認しましょう。春～夏ならオクラ、マメ類、パクチーやディルなどのハーブ類などがタネからでも比較的簡単に育てられます。

苗を植えるもの

ホームセンターの野菜苗売り場には多品種が並んでいますが、最初は定番の品種から始めるとよいでしょう。株元がぐらついておらず、節と節の間が詰まっている葉色が濃い苗を選びましょう。特に夏野菜のトマト、ナス、ピーマンなどは、病気に強い台木に接ぎ木をした「接ぎ木苗」がおすすめです。

タネでも苗でも育てられるもの

エダマメやインゲンマメ、エンドウマメなどのマメ類は、タネでも苗でも販売されています。タネから育てると発芽からの成長を見ることができ、苗もたくさんできるので収量も上がります。少量で多種を育てたいなら苗を1～2ポット購入して栽培するとよいでしょう。

（上）ルッコラのタネまき。栽培する場所を決めて、できるだけ均等になるようにタネをばらまく（ばらまき）。（中）ミニトマトの苗の植えつけ（定植）。トマトは多くの品種があるので、初心者はミニトマトがおすすめ。（下）エダマメは苗もタネも広く出回っている。自分で育てる喜びが得られるのでタネまきにも挑戦してみては。

ミニ菜園の場所選び

野菜の栽培に適した場所とは？

野菜を中心に育てるミニ菜園は、場所選びも大事なポイントです。いちばん優先順位が高いのは日当たりです。一日中、日が当たるところが望ましいところですが、午後からだけ、西日だけでも日当たりは大切です。最低でも2時間は直射日光が当たる場所を選ぶようにします。庭の一角をレンガなどで仕切って、ミニ菜園にしてもよいでしょう。

日当たりが確保できたら、次はなるべく風通しのよい場所を選びます。通風をよくすることで、病害虫の発生をかなり抑えることができます。土質はよほど悪くなければ、堆肥などの土壌改良材を加えることで、菜園に適したものにできます。

地植えスペースがない場合は、野菜用の大型コンテナを使い、環境のよい場所に設置しましょう。コンテナは手軽に場所を移動できるのが大きなメリットです。地植えにくらべて育てられる種類は多少限られますが、野菜もハーブも花も育てられます。究極の小スペースでオリジナルのミニ菜園を楽しんでください。

本書で作ったミニ菜園は南向きで日当たりは良好。庭の中で菜園に向く1㎡のスペースを確保して、レンガなどで仕切りをするだけもよい。

条件のよい地植えのスペースがない場合は、コンテナ栽培で葉菜やハーブを育ててみよう。ミニトマトなど小型の果菜も栽培できる。

そろえておきたい道具と資材

ビニタイ

針金が入ったビニール製のひも。つる性の野菜などを支柱に誘引するときに、必要な長さにカットし、ねじって固定する。強度があるため強風にも耐える。自然素材にこだわるなら、そのつど結ぶ手間があるが、麻ひもで代用してもよい。

支柱

草丈の高い野菜やつる性の植物を支える。軽くて扱いやすい銅管を樹脂で覆った支柱は、ホームセンターなどで簡単に入手できる。ミニ菜園ではミニトマトやつる性のマメ類の栽培時に径2cm、長さ2.5mの支柱を6本使用している。そのほか、ミニトマトの植えつけ直後やピーマンやナスの栽培に使う短めの支柱も数本用意しておくとよい。

不織布

寒さや害虫、鳥の食害から野菜や果樹を守るために使う資材。畑では支柱を立ててトンネル状に不織布をかぶせて使うが、ミニ菜園の場合は苗の上に直接不織布をかけ、レンガなどの重しをしておけば、取り外しも簡単。冬のコンテナ栽培では、コンテナごと不織布でくるむことで霜よけができる。サイズは多種あるので、必要な大きさを買い求めるとよい。

必要最低限の道具だけそろえよう

はじめて菜園作りに挑戦するとなると、多くの専用の道具や資材が必要と思うかもしれません。このミニ菜園では、新しくそろえる道具はごくわずか。スペース自体が小さく、少量多種の野菜やハーブ、花を育てるので、それぞれの生育時に必要な最低限の道具や資材があればよいのです。支柱は年間で必要ですが、何年も使えますので、サイズ違いで数本そろえておくとよいでしょう。ビニタイや不織布などは、１００円ショップの園芸グッズ売り場などでも購入できます。

そのほか、切り戻しや収穫時に使うハサミ、作業用のグローブ、土作り用のスコップ、シャベル、水やり用のジョウロやホースなどは、使い慣れたものを使用しましょう。

Column

ミニ菜園のメリット

たかが1㎡、されど1㎡。ミニ菜園にはこの小ささならではのメリットもたくさんあるのです。
利点をうまく生かして野菜やハーブの栽培を楽しみましょう。

負担にならないサイズ感

1m×1m。小さいようで思いのほかいろいろ植えられます。そして庭の一角に作れることが最大のメリットです。身近にあることで常に観察、手入れ、収穫ができます。寄せ植え感覚でしっかり収穫できる菜園を楽しめるのです。

一株ずつでも満足の収穫

実はナスやピーマン、オクラなどは1株あれば、ひと家族分の収量を十分にまかなえてしまうものです。また、小ネギやシソなどの薬味、あると便利な定番のハーブ類も1株ずつ隙間に植えておけば、いつでも摘み取って利用できます。

ローテーションで多種栽培

日の当たる北側に支柱を立ててフェンス状にし、春はエンドウマメ類、夏はトマトやインゲンマメなどのつる性野菜を。ほかにもナス、ピーマンなどの果菜類、秋はダイコンやカブなどの根菜類、春はレタス、コマツナなどの葉菜類など、一年を通してさまざまな野菜を作れます。

花も加えて見た目も華やかに

庭に作る菜園ですので、花も一緒に植えて楽しみましょう。菜園が一気に華やかになります。そして、せっかくなので食用にできる「エディブルフラワー」や野菜の病害虫を防ぐといわれる「コンパニオンプランツ」を選んでみてはいかがでしょうか。

(上) 少量多種ならば収穫期間も長く続き、たとえ何種か失敗してしまってもほかの野菜やハーブで存分に楽しめる。(下) 大がかりな畑だとその分資材も必要になり、作業負担も増えてしまう。少人数で楽しむならコンパクトなミニ菜園がおすすめ。

Chapter 1

1m^2の ミニ菜園

庭の一角に1m×1m程度のスペースを確保して、
ミニ菜園を作りましょう。
1年目の春からスタートして夏野菜を楽しみ、
秋～冬、そして2年目の春～夏まで連続で
さまざまな野菜やハーブを収穫していきます。
ポイントをおさえることで成功率がアップします。

いよいよスタート！

ミニ菜園1年目 春〜夏

1年目はほどよい収量の定番野菜から

家庭菜園といえば、トマト、ナス、ピーマンなどの夏野菜が真っ先に思い浮かぶのではないでしょうか。夏野菜は果菜（実もの）が多く、実のなる様子を見て楽しみ、もいで食べて楽しめるという野菜栽培のおもしろさを存分に味わうことができます。また、栽培期間、収穫期間も思いのほか長く、春に苗を植えつければ、夏の初めから秋の中ごろまで利用し続けられるのもうれしいポイントです。

このミニ菜園は1㎡の小さなスペースですので、特に1年目は収量が見合わないもの（キュウリ、大玉トマトなど）は避けて、トマトはミニトマト、インゲンマメはつるなし種にしています。ナス、ピーマンは1株ずつですが、これでひと家族ではちょうどよい量の収穫ができます。夏は生育のスピードが速く、あっという間に混み合った状態になります。芽かきや、収穫を兼ねたピンチで風通しをよくし、蒸れを防ぐことが小スペース栽培での成功のカギです。

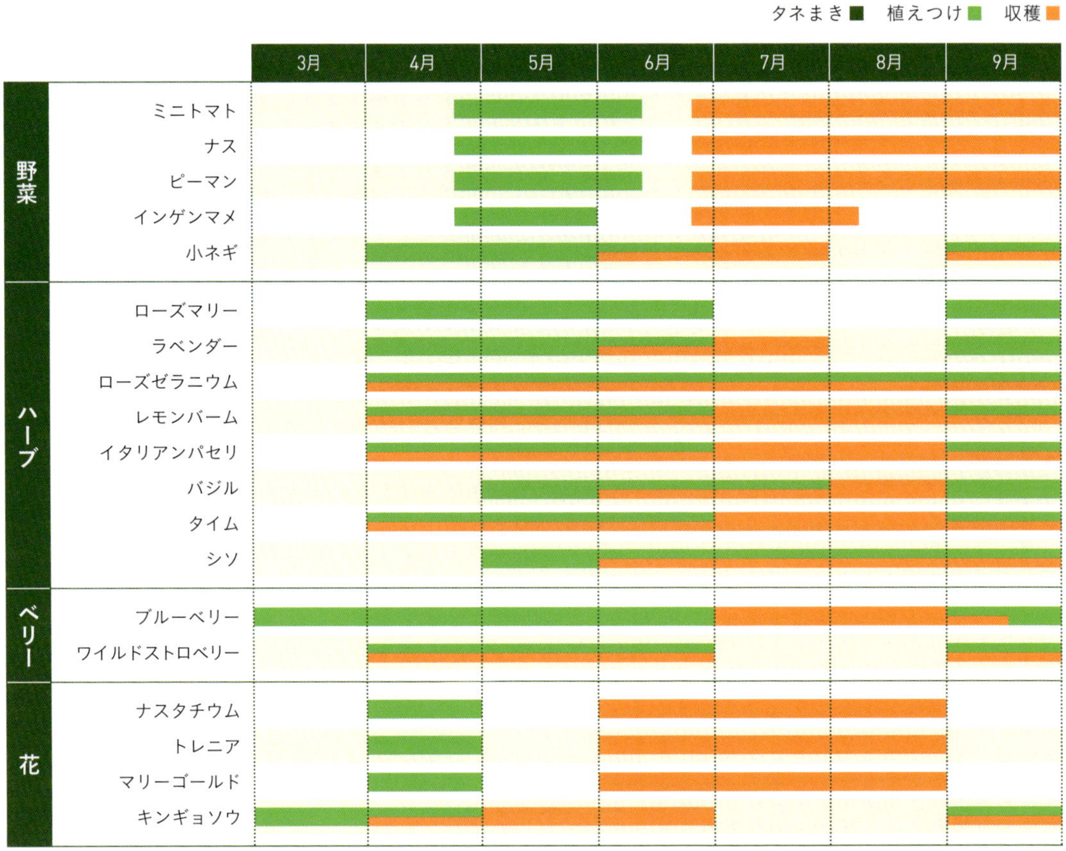

●この表では一般的な作業推奨時期を示しているため、ミニ菜園（千葉県北西部）での実際の作業時期と相違がある場合があります。
●ブルーベリーの苗の植えつけの最適期は11〜3月です。

春の植えつけ時の配置

苗の配置

後列（北側）

北側に支柱を立て、ミニトマトをスクリーン仕立てにします。その手前にある程度高さのあるナスとピーマンを配置します。

中央

バジル、ローズゼラニウム、イタリアンパセリ、シソなど高さは出るが、剪定で調整が効くハーブを中央に。後方の野菜との間にセンチュウよけのマリーゴールド、通路にはみ出す形でブルーベリーを配置しました。

前列（南側）

比較的草丈の低いハーブ、レモンバーム、タイムや蒸れに弱いラベンダーやローズマリーを手前に。角にインゲンマメ、ワイルドストロベリー、縁まわりの隙間にナスタチウム、トレニア、キンギョソウなどの花を配置します。

植えつけリスト

野菜

❶ ミニトマト（1株×3種）
❷ ナス
❸ ピーマン
❹ インゲンマメ
❺ 小ネギ

花

❻ ナスタチウム（2株）
❼ キンギョソウ（2株）
❽ トレニア（2株）
❾ マリーゴールド（2株）

ハーブ

❿ ローズマリー
⓫ ラベンダー
⓬ ローズゼラニウム
⓭ レモンバーム
⓮ イタリアンパセリ
⓯ タイム
⓰ バジル
⓱ シソ

ベリー

⓲ ブルーベリー（2株）
⓳ ワイルドストロベリー（2株）

最初の土作り

土作りは菜園の成功のカギを握る

野菜作りは土作りで決まるといってもよいでしょう。土作りは植物の生育を左右し、病害虫に強く、おいしい野菜を作るための重要なポイントなのです。

野菜作りには、排水性がよく、有機物が豊富な土壌が適しています。土壌の質を向上させるために、まずは堆肥をしっかりと混ぜ込みます。それによって土壌の栄養バランスが整い、保水性も向上します。また、野菜や果樹の種類によって好むpH値が異なるため、必要に応じて石灰を使って調整します。さらに、生育を促すため、元肥として有機質肥料を使用し、成長期には追肥を行います。

毎年ミニ菜園を楽しむために、同じ場所での連作は避け、ローテーションをし、植え場所の記録もつけておくとよいでしょう。そうすることで、病害虫の発生を抑えることも期待できます。土作りを終えたら支柱の設置もしておきます。このミニ菜園では、北側（奥側）に6本の支柱を立ててスクリーン仕立てにします。

【そろえたい資材】

限られたスペースのミニ菜園では、必要最低限の資材だけ用意しておきましょう。

有機化成肥料

有機質肥料と化学肥料がブレンドされて、いいとこどりをしたものが多く出回っています。

堆肥

土壌改良材としてすぐれた効果があります。水はけの悪い粘土質の土壌、反対に水はけがよすぎる砂質土壌のどちらの土質も改善します。また、保肥力もよくなります。

ブルーベリーを植えるなら

酸性の土壌を好むブルーベリーの植え場所には、酸性の強いピートモスを混ぜて調整します。その際、ピートモスは酸度調整をしていないものを使います。

苦土石灰

日本の土壌は酸性に傾いていますので、アルカリ性の石灰を混ぜて中和して調整します。苦土石灰は茎を丈夫にするマグネシウムも豊富です。

【簡単な土作りの仕方】

土作りは最初が肝心。土壌環境がよければ植えつけてからの成長に差が出ます。

1

中和反応がマイルドな苦土石灰を使うため、土作りは植えつけ直前でも問題なし。元の地面がカチカチの場合は、あらかじめ30㎝ほどの深さまでスコップで耕しておく。

2

苦土石灰をまく。1㎡当たり100〜200g程度、パラパラと全体にまんべんなくまいていく。

3

土壌改良の効果を出すためには、堆肥は最低でも10㎝以上の厚さに施す。量は土質の程度によって増やす。

4

施した苦土石灰と堆肥を土とよく混ぜ合わせる。かたよりなく30㎝以上の深さまでフカフカになるように土の塊などもほぐしてよく混ぜる。

土の準備
完成

土を平らにならして完成。ハーブは肥料が効きすぎると香りが薄くなるため、肥料は全体にはまかない。生育に肥料を必要とする野菜などの植え穴に個別に施すようにする。

【支柱の設置】

年間で必要になる支柱は、菜園を作るときに設置しておくとあとあと楽です。

1 ミニ菜園の北側の縁に、径2cm、長さ2.5mの支柱を6本立てる。等間隔になるように、中央の2本から立てていく。

2 台風などの強風でぐらつかないよう、力を入れて土に30cm程度は支柱が埋まるように差し込む。

3 間隔の調整をしながら6本立てて、位置が問題なければしっかりと差し込む。

4 最初にしっかりと設置できていれば、年間をとおして使える。ここにミニトマトやつる性のマメ類などを這わせていく。

Mini Vegetable Garden

支柱の使い方アレンジ

Column

野菜の栽培では、その成長過程において支柱を多用します。
その使い方のアレンジの仕方を紹介します。

植えつけ直後など、苗が根づくまでの一時的なサポートとして、長さ30cmほどの短い支柱を使います。支柱は斜めに立て、苗と支柱が交差する場所をビニタイで8の字状に緩く結んで固定します。苗が根づいて草丈が伸びてきたら、本支柱に切りかえます。

1年目 春〜夏

植えつけ直後に使う
短めの仮支柱

コンテナ菜園でも
短めの支柱を利用

コンテナでミニトマトやつる性野菜を育てる際にも支柱が必要です。風などで倒れないようにコンテナの底まで深くさして安定させます。支柱と支柱の間に麻ひもやテグスを横に通しておくと、茎やつるが伸びてきたときに誘引しやすくなり、見た目にもボリューム感のあるコンテナ菜園が作れます。

サヤエンドウなどつるが伸びるものには、支柱の間に園芸ネットや麻ひもを張ると、つるが絡みやすくなります。写真のような簡易的なラティスが手に入れば、見た目もおしゃれになります。つるが伸びてきたらそれらに誘引をして成長を促します。

つる性の野菜には
支柱+αを組み合わせて

ミニ菜園の栽培1年目〈春～夏〉

野菜や果樹、花を育てよう！

ミニトマト

【苗の植えつけ（4月下旬）】

適期は4月下旬以降。そのころには苗も潤沢に出回ります。

1 苗の入手は植えつけ直前が好ましいが、数日あいてしまう場合は水ぎれしないようにこまめに水やりをしておく。

2 まずポットのまま配置する。今回は生食用ミニトマト2種（赤、黄）と加工用トマト1種を、それぞれ2本仕立てになるよう支柱の間に植える。

3 苗を配置した場所に、シャベルで植え穴を大きめに掘る。

4 植え穴に規定量の元肥（有機化成肥料）と堆肥を入れる。肥料が多すぎると肥あたりや花ぶるい（落花）の原因になるので、元肥は控えめに。

Mini Vegetable Garden

1年目 春〜夏 ●ミニトマト

8 周りの土を埋め戻し、軽く手で押さえる。

5 植え穴に入れた肥料と堆肥、周りの土を混ぜてなじませる。

9 同様に、ほかの2株も支柱と支柱の間に植える。

6 すでに苗に花芽がついている場合は、花芽の向きを南側(日が当たる側)になるように向けて植えつけると、あとからの実も南側にそろってつくようになる。

10 植え終えたら、長い支柱に誘引できる大きさになるまで短い支柱を立てて、風などで倒れないよう固定する。最後に株元にしっかり水やりをする。

7 ポットから苗を取り出して、根鉢はくずさずに植え穴に入れ込む。基本として、根鉢の表面の高さと地面の高さを合わせるようにセットすれば問題なく育つ。

【芽かき（5月〜、随時）】

トマト類は、主枝に栄養を集中させるために、芽かき（わき芽かき）を行います。

1 2本の主枝の葉のつけ根から出るわき芽。ここまで大きくならないうちにかき取ったほうがよい。かき取らないとさらに枝分かれして栄養が分散される。

2 わき芽かきはハサミを使うとウイルスが入るリスクがあるため、手で折り取るようにする。

3 まめにチェックして、わき芽が出ていたら小さなうちにとる。下方向に引っ張るようにすると、ポキッとうまくとれる。

Column

芽かきの必要性

トマトは葉のつけ根からわき芽を出して分枝していきます。そのまま伸ばしてしまうと、栄養が分散してしまい、ひどいときには実がならないことも。ミニトマトは2〜3本仕立て（今回は2本仕立て）にします。

ミニトマトの2本仕立て

まずは主枝を1本目として伸ばします。そして最初の花芽（第1花房）のすぐ下のわき芽を2本目の主枝にして伸ばします。

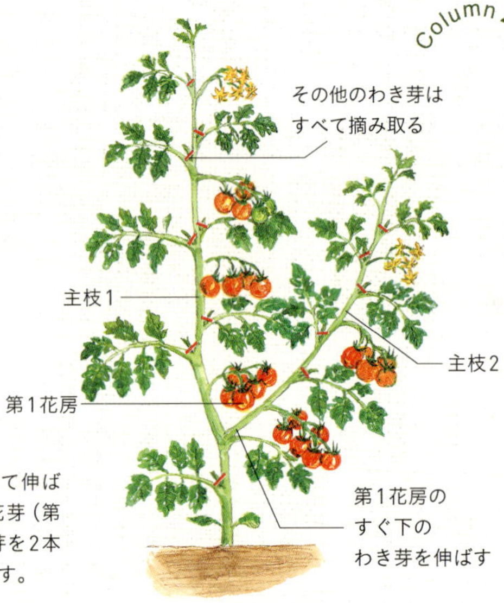

その他のわき芽はすべて摘み取る
主枝1
主枝2
第1花房
第1花房のすぐ下のわき芽を伸ばす

【本支柱に固定（5月中旬～）】

仮支柱に固定していた主枝1、主枝2をそれぞれ別の支柱に誘引していきます。

3 ミニトマトは合計3株なのでそれぞれ6本の支柱に固定する。

2 トマト類は枝の伸びも早いため、枝が倒れたりしないよう、こまめに様子を見て支柱に何カ所か誘引していくのがコツ。

1 ミニトマトの苗は2本の支柱の間に植えているので、主枝1と主枝2をそれぞれの支柱に固定する。生育が進むと枝がかなり太くなるので、ゆとりをもたせて支柱にビニタイで枝を結わえつけていく。

【収穫（6月下旬～）】

いよいよお待ちかねの収穫です。赤や黄色に色づいたミニトマトを食卓で楽しみましょう！

トマト類は房のつけ根から熟していく。熟したものは実をつまんで上方向にひねるとポロッと簡単にとれる。そのまま食するのはもちろん、たくさんとれたらトマトソースにして保存が可能。

ピーマン、ナス

【支柱（植えつけ時）】

どちらも植えつけ時に30cm程度の支柱をさしておきます。支柱は株が育ったタイミングで立て直します。

【苗の植えつけ（4月下旬）】

ピーマン、ナスともに、1株で多くの収量を期待でき、初心者にも向く夏野菜の定番。植えつけ方はミニトマトと同様（22〜23ページ参照）。

2 茎と支柱を8の字にして結わえつける。

1 苗に対して斜めに支柱をさし、まだやわらかい茎が傷つかないようビニタイはゆるめにする。

【収穫（6月下旬〜）】

ピーマンはつやが増して大きく育ったものを収穫します。ナスもつやがありヘタが反り返ってきたころが収穫の目安。

【支柱の立て直し（5月下旬）】

小さな苗のうちにさした細い支柱を抜き、径8mm以上の太い支柱を斜めにさして枝を支えられるように固定します。

インゲンマメ

【開花（6月上旬）】

インゲンマメの花は白や紫色。開花後10日ほどで収穫が始まります。

【収穫（6月下旬～）】

サヤが膨らみ、長さが10～15cm程度になったら収穫のタイミング。サヤが若くてやわらかいうちに収穫すると、食感がよくおいしい。

【苗の植えつけ（4月下旬）】

タネからでも育てられますが、手軽な苗を使います。小スペースのミニ菜園ではつるなしタイプが適しています。

1

先に植え場所全体に肥料を施す。今回の苗は4連結ポット苗で、2本どりの苗（1ポットに2本入り）なので1本間引きをする予定。間引きをせずそのままでも大丈夫。

2

植え穴を掘り、ポットから出した苗を入れ、周りの土を埋め戻す。軽く手で土を押さえる。

3

植え場所はミニ菜園の南側手前の角部分。株間を20cmほどあけ、4カ所に植えつける。

バジル、シソ

【苗の植えつけ（4月下旬）】

バジル、シソともに安価でポット苗が手に入ります。1〜2株植え、収穫を兼ねてピンチ（摘芯）をすると、秋まで長く楽しめます。植え方は他の野菜と同様ですが、元肥は入れずに植えつけます。

香りや風味を損ねないよう、ハーブ類には元肥は入れずに植えつける。

【ピンチ（随時）】

つぼみが見えてきたら、花穂が伸びないうちにピンチを行います。

1 バジルの頂上部につぼみが見えてきているので、早めにピンチを行う。タネをつけると株の寿命が来てしまうため。

2 収穫を兼ねて2節くらい下で切る。ピンチをすることでわき芽が出るので、収量も増えて一石二鳥。

【収穫（随時）】

バジルは花穂が出てきたら早めに摘み取れば、収穫期間を延ばすことができます。シソは大きく育った葉から収穫していきます。花穂を切らずにおけば、穂ジソとして利用することもできます。

ローズマリー、ラベンダー

【苗の植えつけ（4月下旬）】

耐寒性、耐暑性がある常緑低木のローズマリー。草本性のハーブに比べて成長が緩やかなので、株が充実している鉢苗を植えるとよいでしょう。ラベンダーは蒸れに弱いので、風通しのよい場所を選びます。他のハーブと同様に、元肥は入れずに植えつけます。

ラベンダーは水はけをよくするためにやや高植え（周囲よりも少し高くなるよう土を盛り上げて植える方法）にするとよい。今回植えたのはイングリッシュラベンダーの‘ブルースピアー’。

植えつけ時のローズマリーは他の苗に比べて株が大きいが、1カ月後には生育旺盛な夏野菜に追い越される。

【収穫（ラベンダー…開花直前、ローズマリー…整枝時）】

ラベンダーの花は、つぼみが充実して花が咲く直前が収穫時期。ローズマリーは成長が緩慢なので、株の勢いがつくまで収穫はしばらく我慢します。

（右）ラベンダーの花を収穫したら乾燥させ、ポプリやドライフラワー、バンドルズにすると室内で長く香りを楽しむことができる。（左）ローズマリーは株が充実してきたら、整枝を兼ねて徐々に収穫する。

その他のハーブ類

【苗の植えつけ（4月下旬）】

風味や香りづけにあると便利なイタリアンパセリ、タイム、レモンバーム、ローズゼラニウムを1株ずつ植えました。元肥は入れず、どのハーブも生育旺盛なので株間は15〜20cmほどあけます。

【開花（5〜6月）】

清楚で目立ちませんが、花を楽しめるハーブ類もあります。タイムやローズゼラニウムなどは、控えめな咲き姿で季節を感じさせてくれます。

ローズゼラニウムの花（右）とタイムの花（左）。ほふく性のタイムだとカーペット状に花が咲く。

レモンバーム（写真の下部分）は春から秋まで長く収穫できるが、6〜7月は最も香りが立つ。

ローズゼラニウムの茎の根元部分は木質化しやすいので、緑色のやわらかい部分を収穫する。

【収穫（6月以降、随時）】

イタリアンパセリは株まわりの育った葉から茎ごと収穫します。タイムは先端部分の15cm程度を、レモンバームは茎の上部から葉を摘み取ります。ローズゼラニウムは整枝を兼ねて葉や茎を摘み取り、こんもりした株姿を保つようにします。

イタリアンパセリは外側の葉から順番に摘み取る。茎の根元から2〜3cm残して切ると、新しい葉の成長が促進される。

タイムは収穫すると、切ったところからわき芽が出てきてどんどん枝分かれして育つ。

ブルーベリー

【土の準備（4月下旬）】

ブルーベリーの植えつけの最適期は11〜3月ですが、
ミニ菜園では4月ごろに出回る開花株を利用して1年目から収穫を楽しみます。まずは土の準備からです。

1 ブルーベリーの枝を外側に伸ばしたいため、ミニ菜園の西側の縁近くに植える。苗の根鉢の倍ほどの穴を掘る。

2 18ページで紹介した酸度未調整のピートモスを穴の半分程度まで入れる。酸性の土壌を好むブルーベリーを植えるときは必須の資材。

3 ピートモスを入れたら、掘り上げた周りの土を入れ、元肥も入れてよく混ぜる。

ブルーベリーの品種選び

一般的にブルーベリーは、ラビットアイ系やノーザンハイブッシュ系、サザンハイブッシュ系など、同じ系統の異なる品種を2本以上植えるほうが、受粉がスムーズに行われ収量も増えるといわれています。近年では樹形がコンパクトで1本でも結実しやすい‘ブッシェル・アンド・ベリー’などの品種も出ています。ブルーベリーなどの果樹は、成長後の栽培スペースのことも考慮して品種を選びましょう。

【苗の植えつけ（4月下旬）】

土の準備を終えたら、そのまますぐに植えつけをします。4月に出回る苗は成長期ですので、やや慎重に扱います。

1 ブルーベリーの苗をそばに置き、改めて根鉢の高さを見ながら植え穴を掘る。

2 ポットから苗を取り出して植えつける。すでに花が咲いている苗なので、根をほぐしたり切ったりせず、土もくずさずにそのまま植えつける。

3 根鉢の表面の高さを地面と合わせて植え穴にセットする。このとき枝が外側に伸びるように調整すれば、空間をより効率的に利用できる。

4 周りの土を埋め戻し、軽く手で押さえて植えつけ完了。

【収穫（6月〜）】

開花株を植えれば、植えつけ1年目から収穫を楽しめます。

実をつまんでポロッと落ちるころが熟期。とりためて冷凍庫で保存しておけば、1本の木からでも結構な収量になり楽しめる。

ワイルドストロベリー

ミニ菜園手前の角部分に、赤実タイプと白実タイプを1株ずつ植えた。

【苗の植えつけ（4月下旬）】

植えつけを春（3〜5月）にしておくと、秋の収穫も楽しめます。場所は日当たりと風通しがよく、ランナーで株が広がることも考えて選びます。

【開花（5〜7月）】

植えつけ後、しばらくすると白い花を咲かせます。花びらが落ちると中心部分が実になります。

1 花はイチゴそのもの。一度にではなく、ぽつりぽつりと開花する。

2 花芯が色づくと、ワイルドストロベリーらしくなってくる。

【収穫（5〜7月）】

ヘタが反り返って落ちる寸前が、香りが高くなり食べごろ。火を通すと渋みが出るので生食がおすすめ。白実タイプはマスカットのような香りがします。

赤実にくらべて白実は酸味が控えめで甘い。香りと彩りを楽しむほか、ジャムにしても。葉はハーブティーにも利用できる。

エディブルフラワー類

【春植えにおすすめの花】

菜園に野菜しか植えないのはもったいないので、花もいろいろ植えましょう。このミニ菜園ではエディブルフラワー（食用花）も植えています。春〜夏はナスタチウムやトレニア、キンギョソウなどがあります。食用ではなくコンパニオンプランツとして、土壌中のセンチュウからの害を防ぐといわれるマリーゴールドもおすすめです。

野菜に限らず、花も植えて彩り豊かに。小さなスペースでも多様に楽しめるのが自宅で作るミニ菜園の醍醐味。

【苗の植えつけ（4〜5月）】

4月を過ぎると多くの花苗が出回ります。植えたい苗が一度にそろわなければ、スペースをあけておいて、苗が手に入りしだい、追加で植えるようにします。植えつけ方は他の野菜苗と同様に、植え穴を掘り、元肥を入れてから苗を植えます。

植えつけは他の野菜やハーブと同時でよい。植えつけ時は小さな苗でも初夏には株が成長し花も旺盛に咲く。

【収穫（随時）】

花を食用にするもの、あしらいとして飾りに使うもの、葉を食するものなど、それぞれ適期に順次収穫していきます。

6月下旬には株も成長してミニ菜園の縁からはみ出るほどに、花も満開になり収穫のタイミング。

ナスタチウム

花や葉にピリッとしたカイワレダイコンに似た風味があり、サラダやサンドイッチにパンチが加わります。若いタネはすりおろしてワサビの代わりにも。

花も葉も利用できるので、必要なときにまめに収穫すれば、株姿の乱れも抑えられる。

他の野菜やハーブに鮮やかなエディブルフラワーが加わり、収穫の楽しみがさらにアップ。

食用の花苗の選び方

食卓に彩りとして花を添える場合には、一般的に販売されている観賞用の花苗を植えてもよいでしょう。ただ観賞用の花苗には毒性のものや、食用の品種と葉の形が似ているものなどもありますので、苗を選ぶときは十分注意してください。食材として使う目的であれば、エディブルフラワー専用苗をネット通販で入手して植えることをおすすめします。

キンギョソウ

スナップドラゴンとも呼ばれ、エディブルフラワーとして人気。花はサラダやデザートの飾りつけとして重宝し、ほんのりとした苦みが特徴。

コロンとした見た目がかわいらしい花は、淡泊な香りでさまざまな料理に使える。

花が咲きそろったら、切り戻しを兼ねて収穫すれば、花数がさらに増える。

トレニア

初夏から夏の花として定番の花。サラダやデザートのトッピング、ケーキのデコレーションなど冷たい料理に利用できます。

草丈は低めなのでミニ菜園の縁近くに植えると収穫がしやすい。

マリーゴールド

食用にはなりませんが、鮮やかな黄色やオレンジ色の花は特有の香りをもち、アブラムシやコナジラミなどの害虫を遠ざける効果があるといわれています。また、根から分泌される物質が土壌中のセンチュウを駆除するといわれ、土壌を健康に保ちます。

ミニトマトの実がつくころには埋もれてしまうが、コンパニオンプランツとして力を発揮してくれる。

トマトの害虫であるアブラムシを遠ざける効果があるとされるため、ミニトマトの近くにマリーゴールドを2株植えた。

根菜類にもチャレンジ

ミニ菜園1年目 秋～冬

晩夏から秋～冬野菜にシフトチェンジ

夏野菜の代表、トマトやナス、ピーマンなどの果菜類に対して、秋～冬野菜はホウレンソウなどの葉菜や、ダイコンや小カブなどの根菜類が主役となってきます。地上になっている実をもいでいく収穫も楽しいものですが、地中に隠れていて見えない根菜を、引き抜いて収穫するドキドキ感は格別なものがあります。

夏の終わりごろにタネを直まきにして育てていくので、それぞれ間引き菜を楽しむこともできます。小さなスペースなので、間引き菜を見越して少しだけ厚まきにして、段階的な収穫をすることで収量アップが見込めます。

秋冬野菜の収穫を終えたら、その跡地には冬越しして春に収穫をする、エンドウマメ類のタネまきや、タマネギ苗の植えつけをして春に備えます。

春～夏にくらべて秋からの作物の成長は緩やかですが、病害虫の心配も少なくじっくりと野菜作りを楽しめます。夏野菜しか育てたことがないという方も挑戦してみてください。

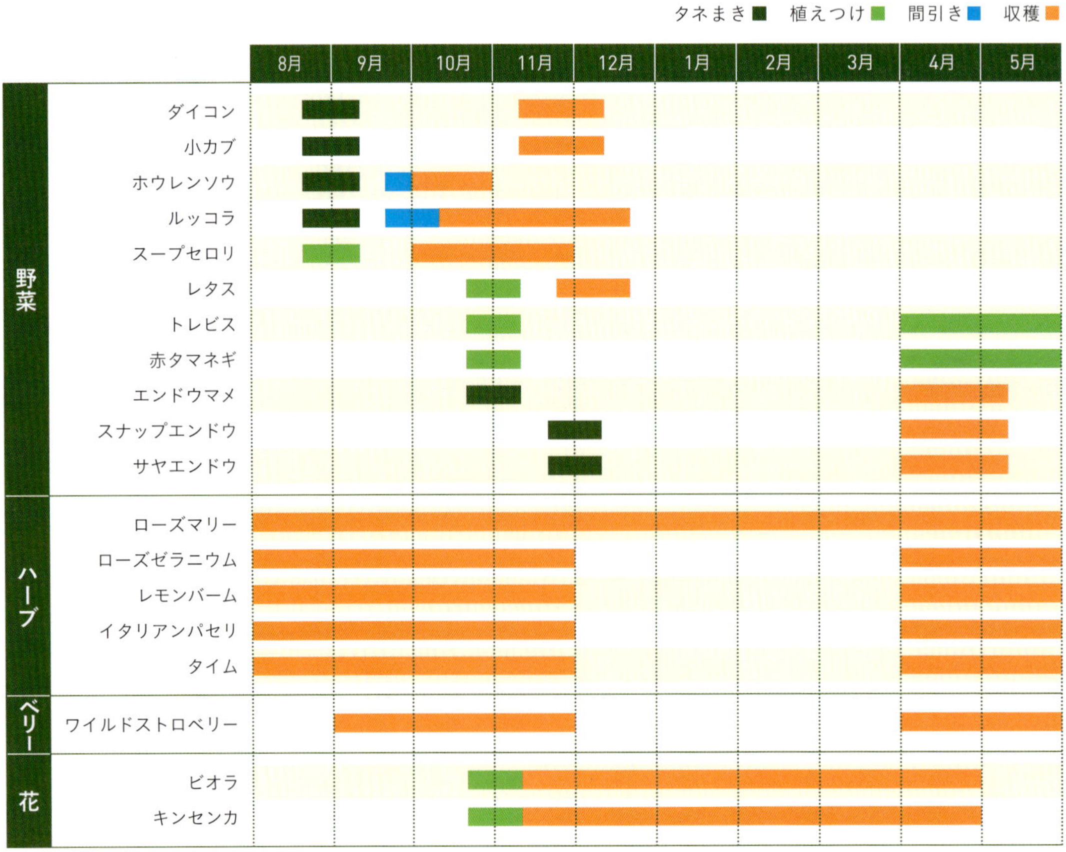

●この表では一般的な作業推奨時期を示しているため、ミニ菜園（千葉県北西部）での実際の作業時期と相違がある場合があります。

植えつけリスト

タネから育てるもの

❶ ダイコン
❷ 小カブ
❸ ルッコラ
❹ ホウレンソウ
❺ エンドウマメ
❻ スナップエンドウ
❼ サヤエンドウ

苗を植えるもの

❽ スープセロリ
❾ レタス
❿ トレビス
⓫ 赤タマネギ
⓬ ビオラ
⓭ キンセンカ

春に植えたもの

⓮ イタリアンパセリ
⓯ ワイルドストロベリー
⓰ タイム
⓱ ローズマリー
⓲ レモンバーム
⓳ ブルーベリー
⓴ ローズゼラニウム

苗の配置

後列（北側）

8月下旬にダイコンと小カブのタネを、10月下旬にエンドウマメのタネをまきます。ダイコンと小カブの収穫後、スナップエンドウとサヤエンドウのタネをまき、その手前にビオラとキンセンカを植えつけます。

中央

ローズマリーの後ろのスペースにルッコラのタネをまきます。

前列（南側）

8月下旬にホウレンソウのタネをまき、収穫後にレタス、トレビス、赤タマネギの苗を植えます。

8月下旬の植えつけ時の配置

11月下旬の植えつけ時の配置

秋～冬野菜の準備と土作り

【夏野菜の整理】

4月下旬からスタートした夏野菜は、8月中旬までには収穫を終えます。収穫が終わったミニトマトやナスから順次、根から引き抜き、株ごと取り除きます。これにより病害虫の発生を防ぐことができます。秋以降も収穫ができるハーブや冬越しするブルーベリーなどは残し、秋～冬野菜作りに備えます。

6月のミニ菜園。夏野菜が旺盛に育ち、次々と収穫を迎える。

夏野菜の収穫が終わり、株を整理した状態。通年で収穫できるハーブなどは残している。

【タネの準備】

苗と違って、タネは早めに購入しておくことができます。8月下旬にまく根菜や葉菜のタネは、品種選びをして、早めに購入しておきましょう。今回まくダイコン、小カブ、ホウレンソウも、各種苗メーカーから多くの品種が出ています。ミニ菜園ではタネをまいてから収穫までの期間が短い早生種がおすすめです。

タネは園芸店やホームセンター、野菜の直売所、種苗メーカーのネット通販などで購入しておく。

【土作り】

春に土作りをしていますが、今回は土の奥深くまで伸びる根菜を植えるので、
再度しっかりと作業をしておきます。

1 夏野菜の株を整理した場所。ここに植える秋〜冬野菜（葉菜、根菜）のための元肥を規定量施す。

2 新たに、土が一面覆われる程度に堆肥をまいていく。

3 根菜類は土中に障害物があるとうまく育たないので、30cm以上の深さまでよく耕す。石や木くず、残った夏野菜の根などもきれいに取り除く。

4 軽く平らにならし、準備は完了。

ミニ菜園の栽培1年目〈秋〜冬〉

根菜類にも挑戦しよう！

ダイコン

【タネまき（8月下旬）】

土にそのまままく直まきにします。今回は根長20cm前後の品種のタネをまきます。

1 ダイコンはすじまきにする（点まきでもかまわない）。シャベルや移植ゴテなどを使い、土の表面に薄くまきすじをつける。

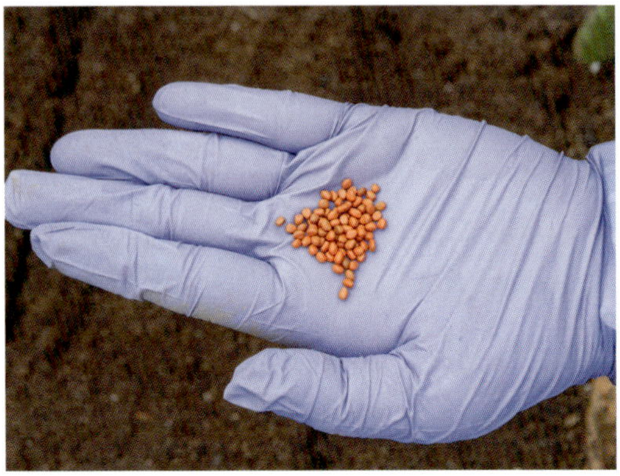

2 ダイコンのタネ。野菜のタネは、種子に特定の処理を施して発芽や成長を促すようコーティングされているものが多い。

3 厚まきにならないように注意しながら、まきすじに沿ってばらばらとタネをまく。

4 まき終わったら周囲の土を寄せて、指先で軽く押さえる。その後、ハス口をつけたジョウロで水やりをする。

【間引き（発芽後、随時）】

発芽したら、よい芽を残して段階的に間引きをします。成長ぐあいを見ながら株間を15〜20cm程度あけて、7〜8本は収穫できるように残します。間引き菜はダイコン菜としていただきましょう。

【収穫（11月下旬）】

葉も旺盛に育ち、いよいよ収穫時期。収穫が遅れると、実にスが入り、食味が落ちるので収穫するタイミングに注意しましょう。

1
奥が大きく育ったダイコンの葉（手前は小カブ）。いよいよ収穫のタイミング。

2
土の上にダイコンの肩口がせり上がってきている。これが収穫適期の目安。

3
葉の根元を持って垂直に引き上げる。十分な太さに育っている。

4
しっかりと規定のサイズに育った。もちろん葉も新鮮なダイコン菜として利用できる。

5
すべてのダイコンを抜いたあと。1㎡のミニ菜園ながら8本も収穫できた。

小カブ

【タネまき（8月下旬）】

小カブは、一定の間隔で個別にまく点まきにします（すじまきでもかまわない）。タネは耐病性がありス入りが遅い品種を選びました。

1 カマの柄などを使って、浅く植え穴を作る。植え穴の間隔は8～10cm。

2 ひと穴に3～4粒ずつタネをまく。

3 周囲の土を寄せて軽く手で押さえ、ハス口をつけたジョウロで水やりをする。発芽後は段階的によい芽を残して間引く。

【収穫（11月中旬）】

小カブは大きく育ったものから収穫していきます。ダイコンと異なり、地上にほとんど実が出ているので育ちぐあいがよくわかります。

地上にほとんど実が出ているので引き抜く。きれいなカブに育っている。

ホウレンソウ

【タネまき（8月下旬）】

夏にインゲンマメを育てていたスペースに、ホウレンソウのタネをばらまきにします。ばらまきは、発芽や成長が早いホウレンソウなどに向いています。

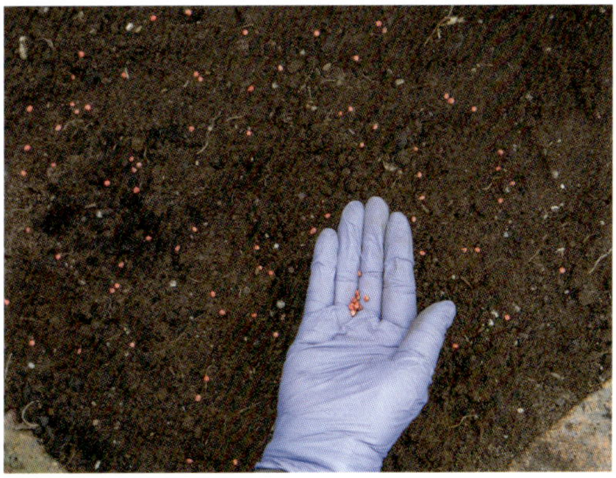

1 元肥と堆肥を施して平らにならした土の上に、タネを均一にまく。

2 まいたタネの上に薄く土をかける。

3 土の上に手のひらを置き、軽く押さえる。その後、ハス口をつけたジョウロで水やりをする。

【収穫（9〜10月）】

発芽して苗が混み合ってきたら、株間が10〜15cmになるように間引きます。草丈が20〜25cm、本葉が10枚程度になったら収穫します。ミニ菜園ではすぐに次の作物を植えるので、根ごと引き抜きます。

間引きながら株を育てる。充実した株の根元の赤い部分は甘みがあり、おいしく食べられる。

ルッコラ

【タネまき（8月下旬）】

ホウレンソウと同様に元肥と堆肥を施してから、タネをばらまきにします。間引き菜も利用できます。

1 ルッコラを育てるスペースを決め、タネを均一に、やや厚めにばらまきする。

2 まいたタネの上に薄く土をかける。

3 土を手のひらで軽く押さえる。その後、ハス口をつけたジョウロで水やりをする。

【収穫（9〜10月）】

コマツナほどの大きさに育ったら、外側の葉から収穫するか、株ごと抜きます。耐寒性はありますので、翌春まで置いて花を咲かせてもよいでしょう。花もゴマの香りがして食用になります。

外側の葉から少しずつ収穫すれば、長く楽しむことができる。

スープセロリ

【苗の植えつけ（8月下旬）】

春〜夏にシソを植えていたスペースに、香りと風味が豊かなスープセロリの苗を植えます。収量は多くなくても、1株植えておくと冬場の煮込み料理などで重宝します。

1 植え穴を大きめに掘り、堆肥と元肥を入れ、周囲の土に混ぜ込む。

2 苗をポットから取り出し、ポットの土の高さと同じ高さになるよう調整しながら植えつける。

3 周りの土を寄せて、軽く手で押さえる。ハス口をつけたジョウロで水やりをする。

【収穫（10月〜）】

成長した外側の茎から順に収穫すると、内側の新しい茎が引き続き成長して継続的に収穫ができます。一度に収穫する場合は、茎を3cmほど残して刈り取って、同時に追肥を行うと再び芽吹いてきます。

スープやサラダに少しずつ使う場合は、外側の茎から随時収穫していく。

その他のハーブ類、ベリー

【切り戻しと収穫】

11月ごろまではハーブ類も旺盛に成長を続けます。収穫を兼ねて切り戻しをすることで、ほかの野菜の日当たりもよくなるので、気がついたときにまめに行いましょう。香りの高いハーブは、切り戻した茎を束ねて室内につり下げておくだけでも、部屋じゅうがよい香りに包まれます。

10月下旬のミニ菜園。夏を越して大きく成長したハーブは、切り戻しをしながらコンパクトな株姿を保つようにする。

ローズマリー

木本性のため植えつけた1年目はさほど大きくならないので、植えて半年たったころから少しずつ収穫するとよいでしょう。切る枝は長さが20cm以上のものを選び、真冬の切り戻しは控えます。

レモンバーム

生育旺盛で切り戻しにも強いので、随時カットしていきます。ミニ菜園の手前に植えているので、奥の野菜にも日が当たるよう常に小さめに保っておくようにします。

イタリアンパセリ

初夏から冬前まで長い期間、収穫できます。花芽ができて花が咲くと葉の成長が止まり、収量が減少するので、まめに摘み取るようにしましょう。外側の葉から順に摘み取ると、内側の新しい葉が引き続き成長します。

【冬前の鉢上げ】

耐寒性の弱いハーブのみ、11月までに収穫を兼ねて切り戻します。その株を掘り上げて鉢に植えかえ、冬の間は室内に取り込んで管理します。

ローズゼラニウム

寒さに弱いので、切り戻したあとは、鉢上げをし、冬季は室内で管理します。春になったらまたミニ菜園に植え戻すか、鉢のまま管理してもよいでしょう。

ワイルドストロベリー

実は春から初夏にかけてと、秋も9〜11月ごろに収穫ができます。ミニ菜園に色めが少なくなる時期も赤い実で彩りを添えてくれます。常緑性で寒さにも強いので、寒冷地でなければ葉は冬でも枯れ込むことなく楽しめますが、ランナーで増えすぎてしまうようであれば、秋のうちに切り戻しておくとよいでしょう。

エンドウマメ

【タネまき（10月下旬）】

実エンドウ（グリーンピース）のタネまきは、他のエンドウマメ類より少し早めの10月中に行います。小さな苗の状態で冬を越させて、春の成長を促します。

1 植える前に土に堆肥と元肥を施しておく。タネは点まきにするので、カマの柄などを使って、浅く植え穴を作る。植え穴の間隔は約10cm 。

2 タネが大きいので、ひと穴に2粒ずつタネをまく。

3 周囲の土を寄せて軽く手で押さえる。その後、ハス口をつけたジョウロで水やりをする。芽は野鳥に狙われやすいので、不織布をかけるなどの対策を。

【収穫（4月～）】

サヤが膨らんで中のマメが大きくなったら収穫のタイミングです。サヤごと摘み取り、中のマメを取り出して料理に使います。

中のマメが大きく育ってサヤが膨らんだら、サヤごと収穫する。

苗を植える際の注意点

エンドウマメ類は連結ポットなどで出回る苗を利用するのも便利です。ただし、冬前に15～20㎝ほどに成長してしまい、霜で傷みやすくなってしまうのが難点。その場合、不織布などでしっかり霜よけ対策をすることが必要です。

赤タマネギ

【苗の植えつけ（10月下旬）】

早生種のホウレンソウの収穫後に、たがいの生育を促進するといわれるタマネギとレタスを混植します。少量ですので赤タマネギを選びました。

1 植え場所に残っている根などをよく取り除いて、堆肥と元肥を施す。赤タマネギの苗をポットから出し、1本ずつに分ける。

2 赤タマネギとレタスを市松になるように交互に植えたいので、15cmほどの間隔で植える（※レタスの植え方は52ページを参照）。タマネギだけの場合は10cm程度の間隔でよい。

3 周囲の土を寄せて軽く手で押さえる。レタスの植えつけが終わったら水やりをする。

1年目 秋〜冬
●エンドウマメ、赤タマネギ

【収穫（4月〜）】

赤タマネギは、生食するなら葉が青いうちに収穫します。葉が枯れて倒れてから収穫すれば保存可能です。

地上部に赤タマネギが見えてきている。根元の葉をつかんで引き抜く。

レタス

【苗の植えつけ（10月下旬）】

51ページで赤タマネギを植えた場所に、レタス（ミニタイプ）を2株植えます。小さな畑で少量しか必要ないため、連結ポット苗を購入しました。

1 用意したレタスの連結ポット（左）。中央は赤タマネギの連結ポット、右はトレビスのポット苗（53ページで紹介）。

2 植え穴を掘る。赤タマネギの苗と交互に植えられるように、15cm程度の間隔で苗を植える。

3 周囲の土を寄せて、軽く手で押さえる。この場所は混植するので、トレビスを植え終えたら水やりをする。

【収穫（11月〜）】

レタスは外葉から1枚ずつかいて収穫すると長く楽しめます。10月下旬に植えた苗は年内に収穫し終えてしまうので、3月に新たなリーフレタスの苗を植えると、5月まで収穫できます。

株数が少ないので、外葉から少しずつ収穫するとよい。

トレビス

【苗の植えつけ（10月下旬）】

少量多種で育てられるミニ菜園のメリットを生かして、野菜売り場ではあまり見かけないトレビス（赤チコリ）を育てます。レタスよりも収穫時期が先なので、手前の角に植えます。

1 あらかじめ堆肥と元肥を施しておいた土に、ポット苗よりも大きめに植え穴を掘り、トレビスの苗を植え込む。

2 浅植えにも深植えにもならないよう高さを調節して植える。植えつけたら株元を両手で軽く押さえる。

3 このスペースに赤タマネギ、レタス、トレビスを一度に植えたので、すべてを植え終わってからホースのシャワーかハス口をつけたジョウロで水やりをする。

【収穫（4月～）】

トレビスの収穫のタイミングは、葉がしっかりとした結球を形成し、鮮やかな赤紫色になったころ。冬も収穫できますが、春になるとしっかりとした株になり、収量もアップします。

4月のトレビス。鮮やかな葉が旺盛に出ている。ほんのりとした苦みのある葉は、サラダのほかソテーやマリネにも使える。

サヤエンドウ

【タネまき（11月中旬）】

春～夏にミニトマトの栽培で使った支柱を利用して、ミニ菜園の後方（北側）にエンドウマメ類を育てます。10月中にタネをまいたエンドウマメに追加して、11月に入ったらサヤエンドウ、スナップエンドウのタネをまきます。

1 ダイコン、小カブを抜き取った跡地に、再び堆肥と元肥を施し、よく耕す。

2 支柱前の右側半分にサヤエンドウのタネをまく。品種はスイートピーのような赤花が咲くタイプ。

3 支柱の根元近くにカマの柄などを使って2～3cmの穴を作る。３～４粒ずつタネをまき、穴を埋め戻して軽く手で押さえる。

【収穫（4月～）】

エンドウマメ類はつるの下のほうから順に実がなってきます。サヤエンドウはほどよい大きさになったら早めに収穫します。ほうっておくとマメがかたくなるので、サヤからマメを出してグリーンピースのように利用してもよいでしょう。

（右）サヤエンドウには白花と赤花があるが、実そのものには大きな違いはない。（左）隣に植えたスナップエンドウとともに収穫を楽しむ。

スナップエンドウ

【タネまき（11月中旬）】

ミニ菜園の後方（北側）の支柱前、サヤエンドウの左側でタネから育てます。ぷっくりとした実は食べごたえがあり人気。栽培が容易で収量もあるので、家庭菜園初心者にもおすすめの野菜です。

1 タネはコーティングされており、大きくまきやすい。サヤが肉厚で甘みの強い品種をセレクトした。

2 支柱の根元近くにカマの柄などを使って2〜3cmの穴を作る。３〜４粒ずつタネをまく。

3 タネをまき終えたら、穴を埋め戻して軽く手で押さえる。

【収穫（4月〜）】

サヤの長さが7〜8cmになったら収穫適期。サヤエンドウと違ってサヤがかたくなりにくいので、サヤの太りぐあいを見ながら、好みでもうしばらくならしてもよいでしょう。

（右）ひとつひとつハサミでサヤのつけ根を切って収穫する。（左）隣に植えたサヤエンドウとともに収穫を楽しむ。

エディブルフラワー類

【苗の植えつけ（10月下旬）】

エンドウマメ類のタネをまいた手前のスペースに、ビオラを植えます。ビオラは冬の間も花を楽しめるのはもちろん、発芽した苗の霜よけにもなってくれます。

1 ポットから苗を取り出し、根が回っていたら少しほぐす。

2 エンドウマメのタネをまいたスペースよりも菜園中央寄りに植える。

【開花、収穫（随時）】

ビオラのほかに、寒さに強く花色も鮮やかなキンセンカを植えて菜園の彩りに。春まで咲き続け、サラダやデザートのデコレーションなどに使えます。

5月に夏野菜に切りかえるまで咲き続け、食用としても楽しめる。

植えつけ直後の様子。真冬は花数は減るもののミニ菜園が華やぐ。

Mini Vegetable Garden

夏野菜と冬野菜の楽しみ方

Column

春～夏にかけて植える夏野菜と、秋～冬に植える冬野菜にはさまざまな違いがあります。
それぞれの特徴を知って季節感を味わいましょう。

夏野菜

春からスタートし、初夏～夏にかけて収穫する夏野菜は、成長スピーの速さ、収量の多さなど、自家栽培している楽しさを実感しやすいものです。王道のトマトやピーマン、ナスなど果菜の花が咲き、次々とカラフル実がなるのを見る高揚感はこのシーズンならでは。とはいえ、気温や湿度も高いため病害虫の発生も多い時期でもあります。収穫がてら、毎日菜園の様子をチェックして、変化を見つけたら早めに手を打つことで被害は最小限に抑えられます。

スピード感のある収穫に毎日ワクワク

多くの収量を望めるので、各種、苗を1～2株植えれば多種を楽しめる。

冬野菜

秋～冬は、春～夏とはがらりと野菜のラインアップが変わります。根菜や葉菜が中心となり、エンドウマメ類は春の収穫を見越して秋～冬に仕込みます。夏野菜のように日々変化するスピードとは違い、ゆっくり成長を見守りつつの収穫です。晩夏にタネをまけば、ダイコンや小カブは冬前に十分な量を収穫できますので、ぜひ挑戦したいところ。病害虫の心配も少なく、野菜を自分で育てることで、本来の旬を知ることができるのも楽しみです。

じっくりと収穫を待つ楽しみ

根菜類もコンパクトな品種を選べば1㎡程度のスペースでも十分育てられる。

1年目 秋～冬 ●エディブルフラワー類

2度目の夏野菜にチャレンジ

ミニ菜園2年目 春〜夏

2年目は珍しい野菜や花にもトライして

秋に植えつけた野菜やハーブは、厳しい冬の寒さを乗り越え、春の暖かさを感じると一気に成長を始めます。春は植物の生育の速さに驚きつつ、あっという間にやってくる収穫の恵みを味わえる、忙しくもうれしい季節です。

そして5月になると、夏野菜への切りかえ作業が始まります。1㎡のミニ菜園では、春野菜の収穫が終了するのを待ってからの植えつけになりますので、2年目は最適期から2〜3週間遅れのスタートです。とはいえ、夏野菜の生育スピードは速く、あっという間に追いついてしまいます。

この時期は害虫の発生や病気の発症が増える時期ですが、混植のミニ菜園では、単作にくらべるとそれらの被害は少ないように感じます。多くの植物を混植することは、お互いの生育を助け合う相互作用があるともいわれています。2年目に育てるものも、毎日少しずつ収穫できる野菜やハーブ、そして1年目とは異なる品種にも挑戦しながら楽しく育てましょう。

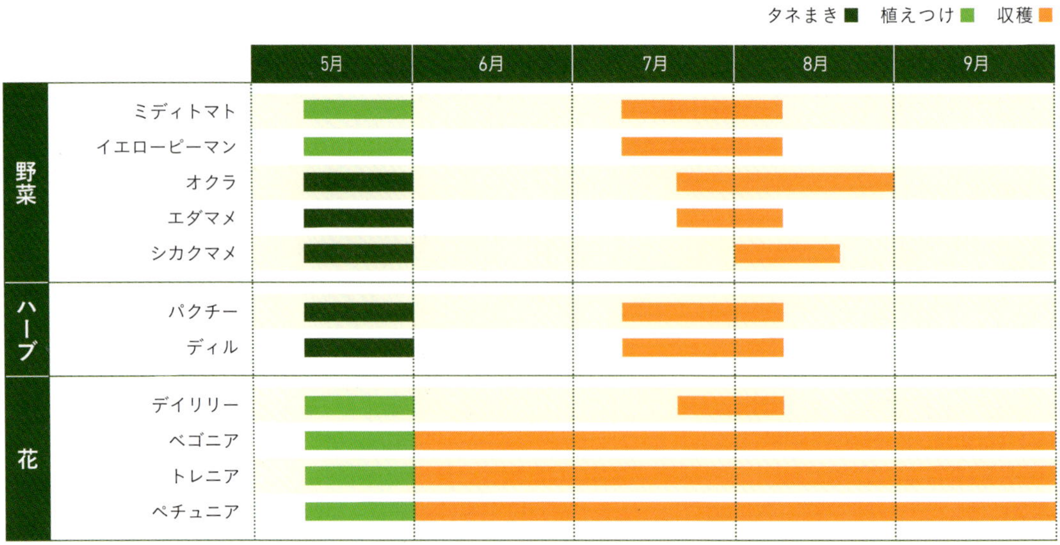

●この表では一般的な作業推奨時期を示しているため、ミニ菜園（千葉県北西部）での実際の作業時期と相違がある場合があります。

5月下旬の植えつけ時の配置

2年目はトマトやピーマンも1年目とは異なる品種をセレクト。

植えつけリスト

新たに植えた苗

❶ デイリリー(ヘメロカリス)
❷ ミディトマト
❸ イエローピーマン
❹ ベゴニア
❺ トレニア
❻ ペチュニア

タネをまいた野菜やハーブ

❼ オクラ
❽ エダマメ
❾ シカクマメ
❿ パクチー
⓫ ディル

2年目の株（1年目に植えたもの）

⓬ スープセロリ
⓭ イタリアンパセリ
⓮ ワイルドストロベリー
⓯ タイム
⓰ ローズマリー
⓱ レモンバーム
⓲ ブルーベリー

↓

苗とタネの配置

植えつけ前に、実際の植え場所に苗やタネ袋を置いてみて、株間やまき方、面積などを確認します。今回はすべての苗とタネがそろったので、同じタイミングで作業を行います。

夏野菜の準備と土作り

【春収穫の野菜の整理】

2年目のミニ菜園は、サヤエンドウや赤タマネギの収穫後に夏野菜に切りかえるので、
植えつけは最適期の5月の初旬を過ぎた中旬ごろ。植えつけ時期としてはまだまだ可能ですが、
何を植えるか計画は早めに立てておきます。

春遅くまで収穫できるサヤエンドウなどの収穫が終わったら、それらを抜いて夏野菜用のスペースを作る。

夏野菜の収穫が終わり、株を整理した状態。通年で収穫できるハーブなどは残している。

【苗やタネの準備】

植えつけ時期がやや遅いので、トマトなどの人気品種の苗は売り切れてしまう可能性があります。育てたい品種が見つかったら確保しておき、植えつけまで水やりを欠かさないようにしましょう。2年目はタネから育てる野菜やハーブにも挑戦するので、何を植えるか決めて、早めにタネを入手しておきます。

タネから容易に栽培できるオクラとエダマメ、使いがってのよいディルとパクチー、シカクマメにもチャレンジ。

【土作り】

収穫後の野菜や花を片づけ、土中の根やゴミなども掘り返してよく取り除きます。
堆肥と元肥をすき込み、よく耕して夏野菜の植えつけ準備をします。

1 土中に根やゴミが残ったままだと病害虫のもととなるため、収穫後は土をよく掘り起こしてきれいにしておく。

2 苗を植えつける場所に堆肥を5cm以上の厚さに施す。

3 元肥を規定量ばらまく。

4 できれば30cm以上の深さまで耕し、元の土とよくなじませる。最後に平らにならして植えつけ準備完了。

ミニ菜園の栽培2年目〈春～夏〉

1年目と異なる品種にトライ

ミディトマト

【苗の植えつけ（5月中旬）】

2年目はミニトマトより少し大きなミディトマトに挑戦します。
しっかりとした大きさにするために2本仕立てにして育てるので、1株の苗につき支柱2本を使います。

1 元肥は土作りで施したもので十分なので、植え穴には堆肥のみを入れて周りの土とよくなじませる。

2 果房の出ている向きを正面に向けて（右上写真）、植え穴に苗をセットし、苗の土の高さと同じになるよう深さを調節して土を埋め戻す。

3 小さな苗のうちは、補助に細い支柱を立てる。

4 茎を傷めないようゆったりと8の字にビニタイで支柱にとめつける。肥料過多では実つきが悪くなるので、追肥はなりぐあいを確認しながら調整する。

【芽かき（6月中旬～）】

２本仕立てにするミディトマトは、果房の直下のわき芽のみを残して、すべてのわき芽をかき取ります。主枝と残したわき芽は、それぞれ支柱に誘引して固定していきます。その後に出てくるわき芽も順次かき取ります。

1

葉のつけ根に出てくるわき芽は小さいうちに手でかき取る（つまんで横に倒す）。ウイルス病予防のためハサミは使わない。

2

ビニタイで支柱に茎をとめつける。ここまでくると茎も太く丈夫になるため、余裕をもたせてとめれば、８の字にしなくても大丈夫。

【収穫（7月下旬～）】

トマト類はとれ始めると週１～２回の収穫で一般の家庭ではちょうどか多いくらいの収量に。栽培に慣れたら、次の年は大玉トマトや珍しい品種に挑戦してみても。

ミディトマトはミニ菜園でも育てやすくておすすめ。ミニトマトとさほど変わりなく栽培できる。

イエローピーマン

【苗の植えつけ（5月中旬）】

小型の黄色いパプリカで、通常のパプリカよりも短期間で色づき、実つきもよいので家庭園芸向きです。ゴールデンウイークごろに苗が出回ります。

1 根鉢よりも大きい植え穴を掘り、堆肥を施す。肥料は追肥で調整するので元肥はなし。

2 ポットから苗を取り出す。根鉢はくずさなくてよい。

3 植え穴に根鉢を入れ、苗の土の高さに合わせて掘り上げた土を埋め戻し、成長に応じて支柱を立てる（26ページ参照）。

【収穫（7月中旬）】

開花から収穫までの期間は40～50日程度。実が完全に黄色くなり、しっかりとした大きさに成長したころがベストタイミング。

緑から黄色に色づいたイエローピーマン。収穫する際は、ハサミを使って実と軸の部分を切り取る。

デイリリー（ヘメロカリス）

【苗の植えつけ（5月中旬）】

食用花のデイリリーは丈夫な宿根草で栽培が容易。食材としては珍しく、通販では地掘苗が出回っていることも。ミニ菜園では草丈50〜60cmの小型の品種を植えます。

1 植え穴は広く掘り堆肥と元肥を施す。苗を鉢から取り出して根についた土をすべて落とす。

2 根をよく広げて植え穴に入れ、茎の1〜2cm上くらいまで土を埋め戻す。

3 植えつけ直後にたっぷりと水をやり、植えつけ完了。

【収穫（6月中旬〜）】

デイリリーはその名のとおり一日花なので、午前中に咲いている花を摘み取ります。花弁をレタスのようにサラダとして。クリームチーズをのせても美味。

開花は1日だけ（写真左）。そのタイミングを逃さないように収穫する（写真右はつぼみ）。

エダマメ

【タネまき（5月中旬）】

エダマメなどは苗も出回っていますが、タネからでも容易に作ることができます。土を持ち上げて芽が出てくる様子はなかなかユニーク。今回は点まきにします。

1 15cm間隔で2列8カ所に点まきにする。指で1〜2cmの深さにまき穴を作る。

2 1カ所の穴に2〜3粒、タネをまく。

3 土を埋め戻す。3粒すべて発芽した場合のみ1本間引く。株が成長してぐらつくようであれば、土寄せをして安定させる。

【収穫（7月中旬〜）】

普通種のタネを5月中旬にまいた場合、7月中旬から収穫ができます。実が膨らむころの水ぎれに注意します。

さやが大きくなり、株の8割がた実が太ったころに根ごと引き抜く。成長にばらつきがあれば、ひとさやずつハサミで収穫する。とれたて自家製のエダマメは瞠目のおいしさ！

シカクマメ、オクラ

【タネまき（5月中旬）】

タネから容易に栽培でき、少ない株数でも満足のいく収量を得られるシカクマメとオクラ。シカクマメは2本の支柱にそれぞれ1カ所ずつ、オクラは株間20cm程度の点まきにしました（66ページのエダマメと同様）。

1 シカクマメのタネをまく。支柱の根元に指で1〜2cmの深さにまき穴を作る。

2 1カ所3〜4粒の点まきにして土を埋め戻す。本葉が2〜3枚になったら、元気な苗1本に間引き、つるが伸びてきたら支柱に誘引する。

【収穫（7月中旬〜）】

やや晩生のシカクマメは、9月に入ってから収穫します。オクラは葉を2〜3枚残して下から30cmほどで切り戻せば長く収穫できます。

（右）オクラはサヤをハサミでひとつずつ収穫する。収穫が遅れるとかたくなるので、早めの収穫がおすすめ。収穫期には新鮮なオクラが毎日のようにとれる。（左）シカクマメは9月に入ってから収穫する。サヤがやわらかいうちにハサミで切り取る。収穫が遅れるとかたく繊維質になってしまう。

パクチー

【タネまき（5月中旬）】

特に東南アジア料理でよく使われるハーブ、パクチーはすじまきにして、収穫を兼ねた間引きをしながら育てていきます。家で新鮮な生のパクチーが手軽に収穫できるのはうれしい。

2 パクチーのタネを溝にまき、土を寄せて埋め戻す。

1 指で1〜2cmの深さにまき溝を作る。

【収穫（7月中旬〜）】

間引き菜の収穫も見越して少し多めにタネをまいたパクチー。タネまきから2カ月ほどで、新鮮なパクチーがいつでも楽しめます。

間引いたあとは、株元に土を寄せて押さえておく。成長点を埋めてしまわないように注意。

茎が5cmくらいに伸びたので間引きを兼ねて収穫。株ごと抜き取るのが心配な場合は、根元をハサミで切ってもよい。

ディル

【タネまき（5月中旬）】

パクチーと同様、すじまきにしますが、時期をずらしてまくと収穫期間を延ばすことができます。フレッシュなディルの葉はサーモンマリネなどに。

1　1～2cmの深さのまき溝にタネをまく。

2　土をかけて埋め戻す。土をかけすぎると発芽が悪くなるので注意。

【収穫（7月中旬～）】

茎が5cmくらいに伸びたころから利用でき、最終的な収穫は高さ30cmほどで抜き取るか、大きく育てて下葉から収穫してタネもとるなどお好みで。

混み合ったところを抜き取り間引いていく。1週間隔で半分ずつにしていくとちょうどよい。

とれたディルの間引き菜。一度に使うのに手ごろな量。

エディブルフラワー類

【苗の植えつけ（5月中旬）】

春は花苗も豊富に出回る季節です。1年目に使いがってのよかったトレニアは2年目も植え、追加でベゴニアとペチュニアも植えつけることに。ペチュニアは食用花にすると独特のとろみがあります。

1 用意したエディブルフラワー用の苗は、トレニア、ペチュニアを各色と白花のベゴニア。

2 野菜やハーブほどは草丈が出ないので、花壇の手前に植えると収穫しやすい。

【収穫（随時）】

花類もこの時期は成長スピードが速いので、花の収穫と同時に株の切り戻しもします。そのほうがわき芽が出て花の数も増えます。

（左・上）初夏になるとそれぞれの株が大きく育つ。花はひとつひとつハサミで収穫する。収穫後はガクと花粉がついているしべを取り除き、水洗いしてから利用する。

2年目のハーブ類

2年目 春〜夏
●エディブルフラワー類、2年目のハーブ類

【5月の様子】

成長した2年目のハーブが大きく育っています。株が充実し、夏に向けてさらに育ちますので、収穫を兼ねて切り戻しをします。夏野菜を植える前にしておくとよいでしょう。

ローズマリーは樹高が高くなり、手前のタイムはミニ菜園の縁からはみ出す成長ぶり。

【収穫（5月中旬）】

収穫は一部分を大きく切るのではなく、全体にまんべんなくハサミを入れるようにするのがコツです。たくさん収穫できたときは、ドライハーブにして保存したり、ハーブバスやハーブのオイル、ビネガーなどで楽しみます。

(右)冬越しをして株が充実したローズマリー。株全体をコンパクトにするように枝先をカットしていく。(左) 茎が細いタイムも花壇の縁からはみ出た茎を根元からカット。これからまた成長するので大丈夫。

育てる楽しみ、食す喜びを味わった

ミニ菜園 1年半の経過

【1年目】

5月下旬。インゲンマメの花が次々と咲き、花後に小さなサヤができ始めた。自家栽培すると野菜類の花も楽しめる。

4月下旬。育てやすい夏野菜やハーブを中心にミニ菜園がスタート。植えつけ当初の苗は小さく、土が見えていた。

6月下旬。徐々にミニトマトの実がなり始める。緑から赤や黄に少しずつ色が濃くなっていくのを毎日観察するのが楽しみ！

6月上旬。ラベンダーやタイムなどのハーブ、トレニアなどエディブルフラワーが開花。ミニ菜園が華やかになる時期。

2年目 春～夏
●ミニ菜園 1年半の経過

7月中旬。梅雨も明け、夏の日差しを浴びてミニトマトがたわわに実る。完熟したミニトマトをとってすぐに食卓に並べられるなんて至福そのもの。

7月上旬。ナスも次々と収穫できるようになる。ヘタの先端がとがっていて触れると痛いくらいなのは、新鮮な証し。

11月中旬。8月下旬にタネをまいた小カブもりっぱに収穫。新鮮な葉も炒めものやゆでてあえものにするなど利用価値が高い。

10月下旬。ワイルドストロベリーは、一度にたくさんではなく、ぽつりぽつりと花が咲いては実をつけて楽しませてくれる。

【2年目】

6月下旬。2年目のブルーベリーはこのとおり豊作に。完熟した実は野鳥の好物でもあるので、ネットをかけるなど防鳥対策も。

5月上旬。1年目の秋に苗を植えたトレビスやタネをまいたエンドウマメ類を収穫し終えたら、夏野菜の準備にとりかかる。

9月上旬。タネから育てたシカクマメを収穫。スーパーの野菜売り場ではあまり見かけない野菜やハーブを食卓に並べられるのも自家栽培ならでは。

7月下旬。オクラの花が咲き始めた。花も食せるが、確実に実を収穫するために一日花としてアオイ科独特の花を楽しむ。

Chapter 2

コンテナ菜園

野菜用のコンテナを使えば、庭がなくても
ミニトマトやピーマンなどの果菜から
ラディッシュなどの小さな根菜まで
さまざまな野菜を育てられます。
葉菜やハーブなら鉢栽培も可能です。
ぜひコンテナ菜園を作ってみましょう！

地植えスペースがなくてもできる

コンテナ菜園 春〜夏

少量多種の収穫を
コンテナ栽培でも
しっかり実現！

菜園というと「地植えのスペースがないとできない」と思い込んでいる方もいるかもしれません。マンションなどにお住まいでも、ベランダの一角などに日の当たる場所があるなら、ぜひコンテナ（プランター）でミニ菜園を作ってみましょう。コンテナでの野菜作りのメリットと注意点を理解すれば、多くの種類の野菜やハーブ、花の栽培にチャレンジでき、収穫が望めます。コンテナ栽培のメリットは、ベランダや屋上などの限られたスペースでも栽培ができること。またコンテナなら、季節や天候に応じて最適な場所に移動できます。土の入れかえや改良など、土壌の状態をコントロールしやすいという利点もあります。

注意点としては、コンテナでは土の量が限られているため成長が緩やかで収量は地植えほどではないこと、コンテナ内の土壌は乾燥しやすく、頻繁な水やりが必要なことなどが挙げられます。野菜の種類や品種も、コンテナ栽培に向くものを選ぶようにします。

【春〜夏のコンテナ菜園におすすめの野菜やハーブ、花】

野菜

ミニトマト
ピーマンなど
＊キュウリはコンパクトな品種（ブッシュタイプ）や、実が10cm程度のミニタイプであれば可能。

ハーブ

バジル
パセリ
オレガノ
タイムなど

ベリー

ワイルドストロベリーなど

花

ナスタチウム
マリーゴールド
トレニア など

花用のプランターよりも深さのある野菜用コンテナだと土も多く入り、多種育てられるのでおすすめ。

コンテナ菜園の準備

【用意するもの】

野菜を育てる場合は、土が多めに入るコンテナ（プランター）が理想です。
野菜栽培用として販売されている商品も多数あります。

野菜用培養土

ホームセンターなどで購入できる野菜用培養土（元肥入り）。今回は15ℓ入りを2袋。培養土に元肥が入っていない場合は、有機化成肥料も用意します（18ページ参照）。

コンテナと支柱

育てるスペースに合わせて選びます。今回は野菜用の65cm×32cm、高さ32cmで容量は約30ℓのコンテナ、1.5m程度の支柱4本を用意。

そのほか

支柱に誘引する際のビニタイ（または麻ひも）と、コンテナの深さが30cm以上ある場合は、鉢底石やゴロ土も用意してコンテナの底に敷き詰めると、排水効果を期待できます。

苗

今回は、ミニトマト2ポット、ピーマン・バジル・パセリ・オレガノ・ワイルドストロベリーを各1ポット、マリーゴールド・ナスタチウムを各2ポット用意。

コンテナ栽培の水やり

コンテナ菜園は水管理が大事。土の量が多い大型のコンテナなら乾きづらくはありますが、今回のようにたくさんの植物を植え込む場合は、生育が進むと水やりの頻度も上がってきます。特に夏野菜の栽培時期は気温が高いため、朝と夕方などまめなチェックが必要です。

苗の配置決め

【伸び方に合わせて配置】

草丈が伸びるものは後方、しだれるものは手前に、
それぞれの成長の仕方に合わせて植える場所を決めます。

苗の配置

ピーマン、ミニトマトは後方に立てた支柱の下に。やがてランナーが伸びてしだれるワイルドストロベリーは手前に。パセリ、バジル、オレガノは成長すると株が広がるのでそれぞれ離して植えます。コンパニオンプランツのマリーゴールド、食用としても利用できるナスタチウムは彩りも考えて黄色とオレンジ色を左右対称に配置。

春の植えつけ時の配置

野菜

❶ ピーマン
❷ ミニトマト（こあまちゃん）
❸ ミニトマト（純あま）

花

❹ マリーゴールド（黄色）
❺ マリーゴールド（オレンジ色）
❻ ナスタチウム（黄色）
❼ ナスタチウム（オレンジ色）

ハーブ

❽ パセリ
❾ バジル
❿ オレガノ

ベリー

⓫ ワイルドストロベリー

苗の植えつけ（4月下旬）

【植えつけ前の準備】

植えつけ前に土の準備と支柱立てをしておきます。

1 コンテナに野菜用培養土を入れる。今回使用しているコンテナは鉢底に排水用の穴が多いため、鉢底石は入れずにそのまま培養土を入れる。

2 土をコンテナの深さの8分目くらいを目安に入れる。初期の肥料分は培養土に含まれているもので十分なので入れない。

3 入れた培養土をシャベルなどで平らにならす。

4 ミニトマトを誘引するための支柱を4本、ほぼ等間隔で立てる。コンテナと支柱がセットになっているものもある。

【植えつけ】

準備が整ったら、用意した苗を植えつけていきます。

1 配置を決めた苗を土の上に仮置きして植える位置を確認する。忘れないように写真を撮っておいてもよい。

2 一度、苗をすべて外し、支柱に誘引するミニトマトから植えていく。シャベルで根鉢より少し大きな植え穴をあける。

3 ポットからミニトマトの苗を出し、植え穴に植えつける。

4 ビニタイを使って、ミニトマトの茎を支柱に結わえつけておく。

5 ビニタイは緩めに。茎が伸びてきたら随時支柱に誘引する。

6 もう1株のミニトマト、ピーマンを植え、それぞれ支柱に誘引する。後方左のパセリも同様に植える。

7 中央の列のマリーゴールドとバジルを植える。

8 前列左の黄色のナスタチウムを植える。同様にワイルドストロベリー、オレガノ、オレンジ色のナスタチウムを植え込む。

9 すべての苗を植えつけた。これから旺盛に成長するので株間はあいているくらいがちょうどよい。

10 コンテナの底から水が流れ出るくらいにたっぷりと水やりをする。

植えつけ完了

できるだけ日がよく当たる場所にコンテナを移動して管理する。

ハーブの収穫（6月上旬）

【切り戻しを兼ねた収穫】

6月になるとハーブ類が成長してきます。わき芽を出させて収量を増やすためにも、伸びた茎は収穫を兼ねて切り戻しをします。

茎が伸びてつぼみが上がってきたバジル。花が咲くと株の寿命が縮むので早めに切り戻しをする。

6月上旬のコンテナ菜園。植えつけ直後からくらべると、ミニトマトの草丈がグンと伸び、ハーブ類、花も順調に生育している。

パセリも株が充実してきたので、蒸れを防ぎ、風通しをよくするためにもカット。少量でも収穫できるのはうれしい。

ミニトマトはわき芽が出てきたら随時かき取る（24ページ参照）。これは5月に芽かきをした箇所。

野菜の収穫（6月下旬～）

【本格的な収穫がスタート】

7月が近づくころにはミニトマトが色づき、ピーマンの実も大きく成長。ハーブ類やエディブルフラワーも次々と収穫できるようになります。

コンテナでの栽培でも多種の野菜やハーブが育てられ、満足感いっぱい。コンパニオンプランツのマリーゴールドの花色も鮮やか。

多種を少しずつ収穫できるのがミニ菜園の醍醐味。新鮮そのものの野菜やハーブで食卓が豊かになる。

（上）たわわに実ったミニトマト。（中）ライム色で苦みの少ないピーマンもしっかり育ち収穫を迎えた。（下）オレガノもコンテナからしだれるほどに成長。

じっくり待って収穫を楽しみたい

コンテナ菜園 秋〜冬〜翌春

2段階の植えつけで野菜やハーブを順次楽しむ

春に夏野菜やハーブ、花の栽培からスタートしたコンテナ菜園。土の量が30ℓ程度の小さな菜園ながら、収穫を十分楽しめました。ミニトマトやピーマンの収穫が終わった8月下旬には、次のシーズンの準備に入ります。秋は2段階に作業を分け、8月下旬にタネをまく第1弾、それらの収穫を終える10月下旬に第2弾として苗を植えます。

地植えのミニ菜園では秋〜冬野菜としてダイコンや小カブなども育てましたが、土の深さに限度があるコンテナ菜園では、短期間で育てられるラディッシュ（ハツカダイコン）のタネをまいて育てます。そのほか、間引き菜も楽しめるミックスタネのベビーリーフ、春に花を咲かせるカモミールのタネをまき、チャイブの苗を植えます。ラディッシュとベビーリーフの跡地にサヤエンドウとビオラの苗を植えて、春に植えたハーブとともに冬越しをさせて、春の収穫までじっくり待ちます。

【秋以降のコンテナ菜園におすすめの野菜やハーブ、花】

野菜

ラディッシュ
ベビーリーフ
サヤエンドウなど

ハーブ

パセリ
オレガノ
タイム
チャイブ
カモミールなど

ベリー

ワイルドストロベリーなど

花

ビオラ など

9月下旬のコンテナ菜園。夏野菜を整理してから8月下旬にまいたタネの野菜は、1カ月程度でスピーディーに収穫できる。

秋の植えつけの準備

【用意するもの】

春に用意した資材は引き続き使用します。
そのほかに秋からの栽培に向けて使うものを追加をしておきます。

コンテナ菜園

土の再生材
夏野菜の栽培のすぐあとに植え込みをするため、土の再生材を加えて土壌環境を整えます。土壌の質を改善し、土の通気性や排水性を向上させます。

有機化成肥料
新たに元肥入りの培養土は加えないので、植えつけ前に施します（18ページ参照）。

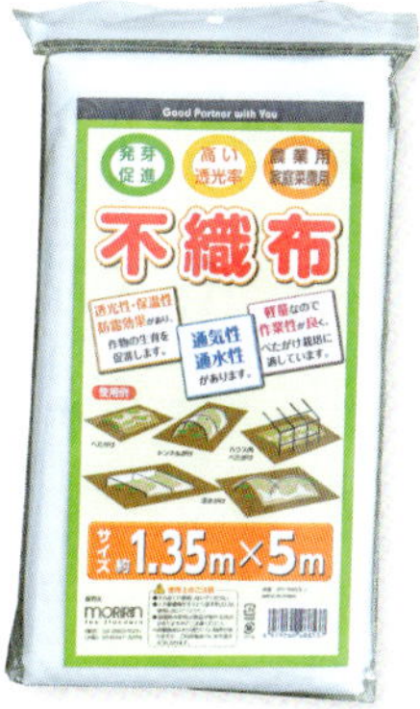

タネ
8月下旬にまくタネ。今回はラディッシュ、ベビーリーフ、カモミールを用意。ベビーリーフは何種類かの葉菜のタネがミックスされていて発芽が楽しみ。

不織布
厳冬期の寒さ対策用。コンテナ菜園は外気温の影響を受けやすいため、厳しい寒さで枯れ込んでしまうおそれのあるサヤエンドウの霜よけに使います。

苗
（右）寒さに強く他の野菜の霜よけの役目も果たしてくれるビオラ。
（左）タネからでも育てられるコンテナ菜園では、苗を利用するサヤエンドウ（連結ポット苗）。

タネ、苗の配置決め

【第1弾（8月下旬）】

1カ月程度で収穫できるラディッシュ、ベビーリーフ、春に花を収穫できるカモミールはタネから育てます。
冬越しもできて継続して収穫できるチャイブは苗を植えます。

植えつけリスト

野菜

❶ ラディッシュ
❷ ベビーリーフ

ハーブ

❸ チャイブ

花（ハーブ）

❹ カモミール

継続して栽培

オレガノ
パセリ
ワイルドストロベリー

【第2弾（10月下旬）】

ラディッシュを抜いたあとにサヤエンドウの苗を、ベビーリーフのあとにはビオラの苗を植えつけます。

植えつけリスト

野菜

❺ サヤエンドウ

花

❻ ビオラ

継続して栽培

オレガノ
パセリ
ワイルドストロベリー

タネまき（8月下旬）

【タネまき前の準備】

植えつけ前に土の準備と支柱立てをしておきます。

1 収穫を終えたミニトマトなどの夏野菜の株と支柱を抜いた状態。

2 あいた土の部分に土の再生材を規定量加える。

3 元肥（有機化成肥料）を規定量施す。

4 元の用土とよく混ぜ合わせる。元肥は、すでに植わっている植物には追肥として効くようになる。

【第1弾 タネまき、苗の植えつけ（8月下旬）】

秋まき・秋植えの第1弾として、スピーディーに収穫できる野菜をタネから育てます。

1 パセリの手前、プランターの左手前にチャイブの苗を植えつける。

2 中央後方にラディッシュ、右後方の角にカモミール、中央手前にベビーリーフのタネをまく。

3 カモミールのタネをばらまきにする。タネが細かいので厚まきにならないように気をつける。

4 カモミールのタネは好光性なので、覆土はせずに軽く手で押さえておく。

5 ラディッシュは2列のすじまきにする。指で浅く、5cmほどの間隔で2本すじをつける。

6 すじの中にラディッシュのタネをまき、周囲の土をすじにかぶせたあとに軽く手で押さえる。

7　ベビーリーフのタネもカモミールと同様にばらまきにして覆土はせず、軽く手で押さえる。

8　タネをまいたところに、タネと土が動かないようにシャワーで静かに水をかける。

【第2弾 タネまき、苗の植えつけ（10月下旬）】

8月下旬にまいたラディッシュとベビーリーフは1カ月程度で収穫し終えるので、
その跡地に春に向けて苗を植えつけます。

1　ラディッシュを抜いた跡地に土の再生材と元肥を混ぜ、植え穴を掘りサヤエンドウの苗を植える。2本どりの苗は間引かずにそのまま植えつける。

2　エディブルフラワーとして利用できるビオラは、冬のコンテナの彩りにも。ベビーリーフの跡地に再生材と元肥を混ぜ、根鉢の1/3程度をくずして植えつける。

寒さが厳しくなる前のひと作業

エンドウマメ類は、直接霜が当たると葉先から枯れ込んでしまいます。本格的な寒さが訪れる前に、不織布などを使って霜よけをします。

不織布をコンテナ全体にかけてレンガなどで押さえる。雨の当たるところはそのままで、軒下で管理する場合は水やりのつど、不織布を外す。

ハーブの収穫（9月下旬）

【間引きながら収穫】

8月下旬にまいたラディッシュとベビーリーフは、まだ気温も高い時期なので成長スピードが速く、間引きながらわずか1カ月で収穫を楽しめます。

ベビーリーフは収穫時期を延ばすため、まず株周りの葉から1枚ずつ収穫していき、最後に株を抜いて収穫する。

2列のすじまきにしたラディッシュは、最終的に3㎝間隔まで間引いた。赤い実がドーム状に土からせり出したころが収穫のタイミング。

オレガノやパセリは少しずつ長く収穫できて重宝する。ラディッシュの実はサラダなどの彩りに、葉もおいしく食べられる。

茂りすぎたオレガノやパセリなどのハーブは、ピンチを兼ねて収穫していく。

野菜や花の収穫（翌年5月）

春の暖かさを感じて一気に成長したコンテナ菜園の野菜やハーブ。ビオラも満開に。チャイブの花はスープの浮きみなどに利用できる。

【冬越し後の春の収穫】

第2弾として植えたサヤエンドウが春になりいよいよ収穫期に。カモミールの花やチャイブの花も咲き、華やかなコンテナ菜園に。

サヤエンドウは早春になり、つるが伸び始めたので支柱を立てて誘引した。コンテナ菜園でも十分な収量で、毎日少しずつ収穫を楽しめる。

カモミールは黄色い花托がドーム状に盛り上がってきたころが収穫の適期。フレッシュなままお茶にすると、ドライとはまた違ったさわやかな味わいが楽しめる。

鉢で育てるハーブ

【気軽にできる鉢栽培】

風味づけや薬味のように使えるハーブは、1株ずつ多種あると使いがってがよく便利です。
気軽に挑戦できる鉢で育ててみましょう。

寄せ植え

1鉢に2〜3種類のハーブを植えて楽しむ植え方です。横長の鉢やプランターに植えかえると管理がしやすいです。ハーブは大きくなりすぎるものや根がはびこるものは避け、96ページで紹介しているような目的や用途に応じた組み合わせで植えるとよいでしょう。

単植《たんしょく》

単体植えとも呼ばれ、1鉢に1株を植える仕立て方で、ポット苗を5号程度の鉢に植えかえて育てます。ローズマリー、ラベンダー、バジル、ルッコラなどは単植に向いています。特にミント類は生育旺盛で根がはびこるので、単植で育てるのが無難です。

長く楽しめる多年草&低木のハーブ

野菜や花と同様に、ハーブにも生育サイクルがあります。バジルやシソなどは一年草なので翌年までもちませんが、多年草や低木ならうまく管理すれば何年も楽しめます。種類を選ぶ際に、どんな生育サイクルのハーブなのか事前にチェックしてみましょう。

多年草のハーブ

ミント、タイム、オレガノ、レモンバーム、チャイブ、パセリ、フレンチタラゴン など

＊多年草の中には、冬になると地上部が枯れて春になると再び芽吹く宿根草（しゅっこんそう）も含まれています。

低木のハーブ

ローズマリー
レモンバーベナ
ラベンダー など

＊ラベンダーは草本と低木の両方の性質をもつ半木本性（はんもくほんせい）植物とされています。

ハーブの単植

【単植の作り方】

特に単植に向いているミントをポットから鉢に植えかえます。

1 ミントの苗（さまざまな種類があるが、今回はモヒートミントとして流通しているもの）、5号鉢、鉢底用ネット、ゴロ土、培養土を用意する。

2 鉢底穴に鉢底用ネットを敷いてからゴロ土をひと並べし、培養土を鉢の高さの半分程度まで入れる。

3 ポットからミントの苗を取り出す。根が回っていたら、軽く根鉢をくずす。

4 鉢に苗を置いてみて、苗の土の表面が鉢の縁の2〜3cm下になるよう、下の土の量を調節する。

5 苗の周りにも培養土を足す。

6 ウオータースペース（土の表面から鉢の縁までの空間）を2〜3cm確保して、植えつけ完了。

【単植におすすめのハーブ】

ベランダなど栽培スペースが限られている場合は、単植に向くハーブを活用しましょう。
よく生育するので、生活にハーブを取り入れやすくなります。

ローズマリー

4〜5号鉢の成長した苗も売られていますが、ポット苗を5号程度の鉢に植えかえて、成長していく過程も楽しみます。低木なので、1〜2年たてば左写真のように株が大きくなります。切り戻しを兼ねて枝先をカットし、肉料理やポテト料理に加えたり、浴槽に入れてフレッシュな香りを楽しんでも。

ラベンダー

ローズマリーと同じく、ポット苗を二回りほど大きな鉢に植えかえて、育てる楽しみを味わいます。ラベンダーの原産地は暖かく乾燥している地中海沿岸地域のため、高温多湿の気候には弱い傾向があります。鉢植えのメリットを生かして、置き場所を移動するなど工夫し、長く育てましょう。

バジル

春に植えれば夏の終わりまで収穫ができます。日当たりのよい場所に鉢を置きますが、夏場の高温期は水ぎれしないように注意します。つぼみが見えてきたら花を咲かせないように早めにカットして使いましょう。そのほうがわき芽も出て収量がアップします。葉はピザやパスタ、ガパオなどに、たくさん収穫できたら自家製ジェノベーゼソースも作れます。

ルッコラ

春植えも秋植えもできるのがうれしいハーブです。タネからでも育てられますが、鉢植えの場合は苗を購入して鉢に植えかえて育てたほうがスピーディーに収穫を楽しめます。日当たりと風通しのよい場所に鉢を置きますが、真夏は半日陰になるスペースに移動したほうが、葉がかたくならずおいしくいただけます。

ミント

さまざまな種類があり、葉色や香りもそれぞれ異なります。好みのミントを選んで植えてみましょう。全般的に生育旺盛なので、まめに葉を摘み取っても大丈夫。ミントティーのほか、ミントシロップ、チョコミントクッキーなど、市販されていないものを自家栽培のミントで作るのも楽しいものです。

鉢植えの水やりのコツ

ハーブの中にはラベンダーのように多湿を嫌うものもあり、毎日必ず水やりをすればよいというわけではありません。そこで、水やりをしたあとに鉢を持ち上げてみて、おおよその重さを把握しておきましょう。鉢土が乾くと鉢の重さが軽くなるので、それが水やりのタイミング。鉢底から水が流れ出るまでたっぷりと水やりをします。

水やりをした直後に鉢を持ち上げて重さを知っておくと、水やりのタイミングを計りやすい。

コンテナ菜園

ハーブの寄せ植え

【おすすめのハーブの組み合わせ】

多種あるハーブの中から、寄せ植えにするのにおすすめの組み合わせを目的別に紹介します。
このように用途に分けて植えておくと、実際に摘んで使うときにも便利です。

ファインハーブの寄せ植え

フレッシュならではの風味を楽しめるチャイブ、チャービル、フレンチタラゴンの寄せ植え。これらはファインハーブと呼ばれ、細かく刻んで使うことで、風味や香りをより感じられます。ハーブバター、オムレツ、スープ、ドレッシングなどに気軽に使いましょう。

レモン系ハーブの寄せ植え

レモンバーム、レモンバーベナ、レモンタイムを合わせた寄せ植え。すべてレモン系の香りがあるので、葉を摘んでフレッシュハーブティーでいただきましょう。ドライハーブにはない新鮮な香りのハーブティーを自宅で簡単に楽しめます。

コンテナ菜園

【寄せ植えの作り方】

ハーブの苗が潤沢に出回る春や秋に植え込んでおけば、日常的にハーブを使えて、暮らしが豊かになります。

1 ファインハーブの寄せ植えを作る。チャイブ、チャービル、フレンチタラゴンの苗、長方形の鉢（またはプランター）、ゴロ土、培養土を用意する。

2 鉢底にゴロ土をひと並べしてから、培養土を鉢の深さの半分程度まで入れる。

3 フレンチタラゴンの苗をポットから取り出し、左側に植える。

4 同様に、中央にチャービル、右側にチャイブを植える。

5 苗を植え終えたら、隙間に培養土を足す。鉢の縁より2〜3cmはあけて、ウオータースペースを確保する。

6 シャワーかハス口をつけたジョウロで鉢底から水が流れ出るまでたっぷりと水やりをする。

育てた野菜やハーブ、花の活用法

自然の恵みを食卓や暮らしに

日常のシーンにうまく取り込んで

手軽に育てられ、こまめに収穫ができるのがミニ菜園の最大のメリットです。旬の野菜をとれたてで食せるのは至福そのもの。薬味程度に少しあるとうれしいハーブ類も、ミニ菜園はもちろん、コンテナ栽培でも多種を栽培でき、さまざまな利用法がありますので、日常的に使ってみてください。料理やお茶だけでなく、お菓子やクラフト、ハーブバスなど、積極的に利用すると、植物の力で心が潤い、暮らしが豊かなものになります。

せっかく育てた野菜やハーブは、日常的に利用する習慣をつけたいもの。

ナスタチウム、トレニア、キンギョソウ

エディブルフラワーとして育てたナスタチウム、トレニア、キンギョソウ。サラダに添えると、食卓が華やぎます。ナスタチウムは少し辛みのある葉もおいしくいただけるので、サンドイッチなどにはさんでも。

パセリ、チャイブ

少しずつ収穫できるパセリとチャイブは、自家製ハーブバターに。室温にもどしたバター、すりおろしたニンニク、パセリとチャイブのみじん切り、塩を加えてよく混ぜるだけ。パンにつけたり、ソテーした魚に添えても。

ローズゼラニウム

名前のとおりバラのような香りがするローズゼラニウムの葉は、パウンドケーキに。生地に刻んだ葉を入れたり、生地の表面にのせて飾りつけに。自分で育てたハーブなら安心して使え、市販ではあまり売られていないお菓子や料理にもチャレンジできます。

レタス
ローズマリー

ミニ菜園で育てたレタスは、少しずつ外側から使って、日々のサラダに利用できます。とれたて野菜の生食は格別のおいしさです。ローズマリーは刻んだ葉をローストポテトに入れたり、相性がよい鶏肉のソテーの香りづけにも。刻んだ葉をまぶしてフライドチキンにしても美味。

レモンバーム

レモンバームは切り戻しにも強いので、まめに葉を摘んでハーブティーに。レモンバームだけでも香り高くやさしい味わいで、色もきれいです。ハーブティーは好みが分かれるので、他のレモン系ハーブやミントなどと合わせてみたりして、オリジナルブレンドを作っても楽しいものです。

サフラワー
マダー
レモングラス

今回のミニ菜園にはありませんが、以前、育てていたハーブを使って染めてみた毛糸。黄色はサフラワー、ピンクはマダー（セイヨウアカネ）、緑はレモングラス。媒染剤や抽出方法でさまざまな色相になりますが、とても自然で美しい色合いに染まります。

トレニア
キンギョソウ

近年はレストランなどでも使われ、目にすることが多くなってきたエディブルフラワー。農薬を使わずに育てたトレニアとキンギョソウはゼリーに入れてさわやかに。どちらも花が小さく食べやすく、色もカラフルなのでおすすめです。野菜やハーブと同様、花も積極的に利用したいもの。

ラベンダー

少しもったいない気もしますが、ラベンダーの花は咲ききらないうちに収穫してバンドルズにしておくと、香りを長く楽しむことができます。葉も香り高いので、ハーブティー、ハーブバスに入れたり、リースを作って飾ってもよいでしょう。

ミニ菜園 Q&A

小スペースだからこその疑問を解決！

Q1 日当たりがあまりよくない庭で育てられる野菜やハーブはありますか？

A 基本的には野菜やハーブは日当たりを好むものがほとんどですが、半日陰でも育つものもあります。ミツバは日陰でも育ち、多年草なので1株あると薬味などに使いやすく便利です。ミョウガは日陰や半日陰を好み、湿度の高い環境でよく育つ宿根草です。冬になると地上部は枯れますが、春になると再び芽を出して成長を始めます。レタスは結球しないタイプのリーフレタスであれば、半日陰でも育てられます。パセリは日陰を好むわけではありませんが、日差しが強すぎると葉が乾燥してしまうので、半日陰のほうが独特の風味や香りが損なわれずにすみます。また、一日のうちに数時間でも日が当たる場所があるなら、鉢栽培にして移動ができるようにし、葉菜やハーブを育てるのもおすすめです。

半日陰でもよく育ち、直射日光が強すぎる場所は避けたいミツバは1株あると便利。鉢植えでも栽培できる。

バジルなど日当たりのほうがよく育つものは、鉢植えにして日の当たる場所に移動して育てるのも手。

Q2 多種を栽培するミニ菜園に向かないものはありますか？

A 「小さな菜園だから向かない」というものは基本的にありません。ですが、1㎡のミニ菜園では、最初に植えるものを選ぶときに、つるが旺盛に伸びるもの、株が大きくなるものははずしました。小さな菜園で1種が場所をとってしまうと、ほかの植物が植えられないのはもちろん、次の野菜へのローテーションもしにくくなるからです。特に春〜夏はどの野菜も成長スピードが速いため、株同士が混み合ってしまうと風通しや日当たりが悪くなり、お互いの生育を妨げることにもなります。

　たとえば、つる性で大きくなるキュウリを育てたい場合は、ほかのつる性野菜を減らしたり、可能であれば植え時期をずらすなどの調整をすればよいでしょう。どの野菜がどれくらいまで伸びるか、いつまでその場所を使うかなどをしっかり把握して、長期的なプランニングをすると、小さな菜園でも多種の野菜やハーブをバランスよく楽しめます。

特に夏野菜は大きく成長する野菜が多く、場所の確保が必要。ミニ菜園では、日当たりやそれぞれの草丈も考えて植栽している。

つる性の野菜は場所をとるので、1年目にトマト類を育てるならキュウリは翌年にするなど、長期的に計画を立てると多種の野菜に挑戦できる。

Q3 葉菜をアオムシなどに食害されてしまいます。対策はありますか？

A 野菜やハーブを自分で育てるなら、できるだけ無農薬で栽培したいという方も多いでしょう。しかし、気温が上昇し始める4月ごろからは、チョウなどが飛来して葉菜などに産卵し、卵からかえった幼虫の食害にあうことも少なくありません。まずは日々の観察をしっかりと行い、葉の裏などもよくチェックして、害虫を見つけたらすぐに取り除きます。それでも被害が減らない場合は、殺虫剤の使用も検討しましょう。使用回数や頻度など、規定範囲内であれば、殺虫剤も野菜に問題なく使えます。化学薬品は避けたいということであれば、天然成分由来で使用制限のないナチュラル系の商品を選ぶようにします。

ミニ菜園では香りのあるハーブを多めに混植していたり、まめに切り戻しをして風通しをよくしていたせいか、害虫の被害はほとんど出ませんでした。栽培環境を客観的に見直してみることも害虫を防ぐポイントのひとつです。

夜間、地中から出てきて植物の葉や実を食害するヨトウムシ（ヨトウガの幼虫）。植えつけ時に土に潜んでいたら駆除する。

コマツナ、ルッコラなどの葉菜につくアオムシ、ヨトウムシ、ケムシといった害虫を2週間程度ブロックする「ベニカナチュラルスプレー」。天然由来成分で食べる直前まで何度でも使える。

ミニ菜園で育てたエディブルフラワーのベゴニア、トレニア、ペチュニア。野菜と同じ管理でよく、とても育てやすい。

ハーブのディルの花も食用になる。サラダや卵料理のトッピングに使うと彩りが美しく、食卓が華やかに。

Q4 エディブルフラワーの苗やタネは購入できますか？

A 食用を目的としたエディブルフラワー専用苗が、オンラインショップや一部の園芸店で購入できます。食用ですので、苗は農薬不使用、または減農薬で作られているため、観賞用の苗よりはやや割高で生産量も少なめです。エディブルフラワー専用苗でなくても、ルッコラやボリジなど無農薬のハーブ苗を手に入れて、咲いた花をエディブルフラワーとして使うのもよいでしょう。エディブルフラワーとしてよく使われているナスタチウムなども、一般的な園芸店やホームセンターの園芸売り場で売られている苗は、ラベルに何も明記されていなければ観賞用と考えるのが無難です。

　自分でタネから食用を目的としてエディブルフラワーを育ててみたいのであれば、有機種子（化学的に合成された農薬や肥料を使用せずに栽培されたタネ）がオンラインショップなどで手に入ります。

　自分でタネから育てると発芽から開花まで管理できるので、より安心&安全なエディブルフラワーを食卓に並べることができます。野菜やハーブだけでなく、花も積極的に料理やデザートに加えて、彩りや風味を楽しみたいものです。

庭と菜園、カフェの融合

カフェ空間への導入としての庭 または演出のための庭

2024年5月23日、本書のミニ菜園がある敷地内に、昭和初期に建てられたノコギリ屋根の機織り工場をリノベーションした喫茶店『ガラボ』をオープンしました。千葉県我孫子市の中峠地区にある根小屋通り沿いには、かつて一族が営む機織り工場が9軒ほど立ち並んでいました。なかでも当時最先端の紡績機械であったガラ紡《ぼう》をいち早く導入した私の祖父母の機屋は「ガラボさん」と呼ばれるようになり、喫茶店の店名も「ガラボ」にしました。店内には天井の古いトタンや梁《はり》、動力を織機に伝えるシャフト、土間コンクリートやガラス窓などを当時のまま残しています。客席の椅子やテーブル、ディスプレーのためのガラスキャビネットなどの家具は、古いものを使用して時代感を合わせた空間をつくっています。

店内に入るには、工場の前のレンガ造りの庭を通ってガゼボをくぐり、土管が立ち並ぶ裏庭へと向かいます。裏庭の入り口にあるミカンの木の横を通り抜けると、古いガラス戸の入り口が見えてきます。庭はカフェの異空間へつながる誘導路となっており、その導入としての演出となっているのです。

食器棚やドアなどの建具、展示用の大テーブルやキャビネットはすべて古いもの。古家具がもつ圧倒的な存在感はこの空間に不可欠。

レンガの庭の北側は一年中、日が当たるため、庭に埋もれていた大谷石を組んでロックガーデンに。

土管が埋まり、ミョウガが茂っていた裏庭。ミョウガを掘り起こして川石の通路を敷き、さまざまなグラウンドカバーを植えている。

(右) オープン当初の垣根はエンドウマメを絡ませていた。民家の裏庭、おばあちゃんの畑を思い出させてくれる。(左) ツゲのトピアリーとヤマモミジの間から見たロックガーデン。ジャンルにとらわれない庭作りを目指している。

庭のこだわり

見たことがあるようでないような
不思議な庭を作る

イングリッシュガーデンを作りかえたレンガの整形式の庭。時間の経過とともに植物たちが自ら育ち上がっていく庭にしたいと思い、それぞれの環境に合った植物選定を心掛けました。南側の建物の陰になるフェンス側はオモトやジンチョウゲ、クレマチス・アーマンディーなどを植えた「常緑のホワイトガーデン」に、日当たりのよい北側は乾燥に強いアザミの仲間やハイビャクシン、多肉植物や原種シクラメンなどで「ロックガーデン」にしています。

ヒトツバなどのシダ植物、モウセンゴケやサラセニアなどの食虫植物も風変わりな庭のアクセントになっている。

和洋のこだわりをなくし、いろいろな要素をミックスした、懐かしくもあり新しい不思議な庭がカフェの空間につながっていく。

(左) 土管に耐寒性のある多肉植物を寄せ植えにした。やはりコンクリートとの相性はよい。(右) コケを取り入れた庭作りを模索中。敷石に溶岩石とスナゴケで作ったスポット。コケを鳥にむしられてしまい、自然に生えてくるのを待つことにした。

店の入り口へと続く川石の通路とその両側に延びるコケの小道。シバザクラやアジュガ、タイムなどの被覆植物が咲いている。

店内のこだわり

古い時代にタイムスリップしたような
心落ち着く場所として

店内には北側の明かりとりからやわらかな自然光が入り、天井には太い鉄の棒に車輪のついたシャフトがあり、碍子（がいし）やモーターにつながる計器類も残っています。これらかつての機屋（はたや）の痕跡から、往時に思いを巡らせていただけたらという思いも。古家具のキャビネットには機屋で使用されていた道具や織地のほか、化石標本や金襴手（きんらんで）のカップ＆ソーサー、古民具などを展示しています。非日常の空間を喫茶とともに楽しんでいただければと思います。

(右上) 古い窓枠と静輪（しずわ）という機織りに使用したおもりを使った壁づけの滑車照明は、改装を担当した大工さんが作製。(上) 窓際の客席。2人掛けが2つと4人掛けがひとつの計8席。(右) 年代物のガラスキャビネットも、工場をリノベーションしたこの空間になじんでいる。

アイスコーヒーとスイートバジルのハーブバタートースト。ガーリックが効いたハーブバタートーストはファンが多い。

ハーブバターに使用するフレッシュハーブは、庭とは別の場所にあるミニ菜園で育てている。春と秋はチャイブとイタリアンパセリ、夏はスイートバジル、冬はルッコラ。

ガラボ

所在地：千葉県我孫子市中峠1771
営業日：木〜土曜日
営業時間：11:00〜17:00
（ラストオーダー16:00）
席数：8席
駐車場：3台
詳細はInstagram（@garabo_hataya）をご覧ください。
＊併設のチョコレート工房『Koromo Cacao』（コロモカカオ）のチョコレートも直販。Instagram（@koromocacao）

金襴手や染付、青白磁、陶器など、曜日により提供する器を変えている。自家製プリンは人気メニューのひとつ。

飯塚恵子

千葉県在住。ハーブガーデンや種苗会社など、20年以上園芸関連の仕事に携わりながら、自宅の庭、畑を作り続ける。2024年5月に千葉県我孫子市に昭和初期の機織工場を改装した喫茶店「ガラボ」を開業。『基本の野菜じょうずな育て方』（主婦の友社）など監修書籍、著書も多数。
Instagram　@garabo_hataya

たったの1㎡で！ 野《や》菜《さい》とハーブと花《はな》のミニ菜《さい》園《えん》

2025年3月31日　第1刷発行

著者　飯塚《いいづか》恵《けい》子《こ》
発行者　大宮敏靖
発行所　株式会社主婦の友社
〒141-0021
東京都品川区上大崎3-1-1
目黒セントラルスクエア
電話 03-5280-7537（内容・不良品等のお問い合わせ）
049-259-1236（販売）
印刷所　大日本印刷株式会社

© KEIKO IIZUKA 2025　Printed in Japan
ISBN978-4-07-461126-3

表紙・本文デザイン
草薙伸行、溝端早輝（PLANET PLAN DESIGN WORKS）
撮影
柴田和宣（主婦の友社）、飯塚恵子
イラスト
伊藤康子
取材・編集
『園芸ガイド』編集部
校正
大塚美紀（聚珍社）
編集担当
松本享子（主婦の友社）

■本のご注文は、お近くの書店または
主婦の友社コールセンター（電話0120-916-892）まで。
＊お問い合わせ受付時間
月～金（祝日を除く）　10:00～16:00
＊個人のお客さまからのよくある質問のご案内
https://shufunotomo.co.jp/faq/

Ⓡ〈日本複製権センター委託出版物〉
本書を無断で複写複製（電子化を含む）することは、著作権法上の例外を除き、禁じられています。本書をコピーされる場合は、事前に公益社団法人日本複製権センター（JRRC）の許諾を受けてください。
また本書を代行業者等の第三者に依頼してスキャンやデジタル化することは、たとえ個人や家庭内での利用であっても一切認められておりません。
JRRC〈 https://jrrc.or.jp　eメール：jrrc_info@jrrc.or.jp
電話：03-6809-1281〉

本書は雑誌『園芸ガイド』の掲載記事に新規の記事を加え、編集したものです。